Ulrike Becker

Vertrauen auf vier Pfoten

Über die Autorin

Ulrike Becker arbeitet als Christliche Beraterin (IGNIS)
und Heilpraktikerin für Psychotherapie mit eigener Praxis
in Zwingenberg. Darüber hinaus ist sie zurzeit als Lehrbeauftragte für die IGNIS Akademie in Kitzingen und für die
Evangelische Hochschule in Darmstadt tätig.
2016 ist ihr erstes Buch erschienen: *Schiffbruch inbegriffen.
Scheitern und wie es danach weitergeht* (Brunnen Verlag,
Gießen).

Ulrike Becker

Vertrauen auf vier Pfoten

Geschichten über meinen Hund,
Gott und das Leben

GerthMedien

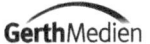

Inhalt

Vorwort

Wenn Sie dieses Buch in Händen halten, sind Sie vermutlich ein Hundefreund oder kennen einen solchen und überlegen, ob dieses Buch ein passendes Geschenk wäre.

Darum lassen Sie mich kurz vorstellen, was Sie erwartet: Mein Diego und ich sind kein vollkommenes Hund-Mensch-Duo. Wir haben beide unsere Schwächen und Macken und die können manchmal tierisch nerven. (Ja, auch meine – fragen Sie meinen Mann oder meine Kinder.) Und so gibt es auch in unserem alltäglichen Miteinander Höhen und Tiefen, Konflikte und

9

schöne Momente, in denen wir uns zutiefst verstehen – wort- und gebelllos selbstverständlich.

Und dann gibt es diese Sternstunden, in denen wir gemeinsam neue Lebenshorizonte erobern und aneinander und zueinander wachsen – einfach nur ein Dreamteam. Häufig sind gerade diese Augenblicke das Ergebnis von Herausforderungen und Schwierigkeiten.

Klingt das vertraut? Klingt das vielleicht sogar irgendwie sehr menschlich? Wenn das so ist, dann ist es kein Zufall. Denn ich lerne im Zusammensein mit Diego viel – nicht nur über Hunde und wie sie die Welt um sich herum erleben, sondern auch über mich selbst, mein Menschsein und über meine Art, die Welt zu sehen. Da ist mir Diego wie ein Spiegel, in dem ich mich selbst erkenne.

Was ich aber vor allem von meinem vierbeinigen Gefährten mit seiner offenbar nicht ungetrübten Kindheit in Ungarn gelernt habe, ist, wie Vertrauen wächst und wie wir es lebendig erhalten können. Darin wird mir Diego manchmal sogar zu einem Vorbild für meine Beziehungen zu Menschen und zu Gott. So bereichert mein etwas zu klein geratener Schäferhund mit seinen etwas zu groß geratenen Ohren und seinem riesengroßen Herzen mein Leben!

Wenn Sie möchten, erzähle ich Ihnen gerne mehr darüber – Geschichten über meinen Hund, über Gott und das Leben.

Straßenkinder

Als unser Schäferhundmischling Diego aus dem Tierheim zu uns kam, verbrachte ich seine ersten Tage bei uns damit, während unserer Spaziergänge zunächst zwei Meter zu laufen, dann stehenzubleiben und darauf zu warten, dass er es aufgab, an der Leine zu ziehen, nur um dann die nächsten zwei Meter zu laufen, wieder stehenzubleiben …

Diego vertraute mir nicht, er wollte lieber selbst die Führung übernehmen. So abgemagert, wie er zu uns kam, hatte er wohl einige Zeit seines noch jungen Hundelebens auf der Straße verbracht. Vieles musste er erst lernen, zum Beispiel, dass man sich sein Futter nicht vom Tisch der Menschen holen muss, weil genug im Napf landet. Oder dass Traktoren und LKW keine Feinde sind, die man verfolgen und beißen muss. Oder auch, dass Männer in roten Arbeitsoveralls uns eigentlich egal sein können.

Unser einjähriger Rüde war ein echter Straßenjunge, der auf einmal in ein warmes Zuhause verpflanzt worden war, in dem es keinen Mangel mehr gab. Diego verstand die Welt nicht mehr … und verhielt sich weiter wie ein streunender Rumtreiber wider Willen.

Er stibitzte Sahnepäckchen aus der Küche und schleppte sie in sein Versteck – als Notration, schließlich weiß man ja nie, wann es wieder Futter gibt. Wenn wir mit dem Auto unterwegs waren und an einer Raststätte Halt machten, damit er sich die Beine vertreten konnte, sprang er gleich wieder in seine Box, nur um ja nicht zurückgelassen zu werden. Es brauchte mehrere Jahre, bis er mir so weit vertraute, dass ich seine verletzte Pfote anfassen durfte, ohne dass er mich dabei anknurrte und nach der Hand, die ihm helfen wollte, zu schnappen versuchte.

Bei uns Menschen und Gott ist das ähnlich: Gott bietet uns die ganze Geborgenheit seines Vaterhauses an – und wir benehmen uns weiter so, als müssten wir unter Brücken hausen. Wir kümmern uns lieber selbst um unsere emotionale und materielle Nahrung, statt auf Gottes Versorgung zu vertrauen. Wir beißen im Zweifelsfall lieber mal zu, statt Gott und Menschen vertrauensvoll zu begegnen. Und wir zerren an der Leine der unsichtbaren Führung Gottes, um ihm zu zeigen, wo es unserer Ansicht nach langzugehen hat. Und all das aus Angst, unter die Räder zu geraten.

Schließlich haben wir unsere Erfahrungen gemacht – wie mein traumatisierter junger Hund: Menschen sind nicht immer vertrauenswürdig gewesen. Situationen sind außer Kontrolle geraten. Der Hunger hat an der eigenen Seele genagt.

Und dann kommt Gott und lädt uns zu sich nach Hause ein. Kein Mangel, keine Bedrohung, nur Gutes und Barmherzigkeit. Und mehr noch, er lädt uns ein, dass wir uns ihm anvertrauen dürfen, so wie sich ein Kind Vater und Mutter anvertraut: völlig offen und vorbehaltlos.

Aber wir müssen so vieles erst noch lernen, wie zum Beispiel uns Gott anzuvertrauen und uns seiner guten Führung und Versorgung zu überlassen.

Das Gute ist: Gott gibt uns die Zeit, die wir brauchen. Er geht zwei Meter vorwärts und wartet dann geduldig, bis wir uns soweit beruhigt haben, dass er auch die nächsten zwei Meter mit uns gehen kann. Er bringt uns Stück für Stück bei, wie das Zusammenleben in seinem Haus aussieht und hilft uns, uns darauf einzulassen. So lange, bis wir ganz bei ihm zu Hause angekommen sind.

„Der Herr ist mein Hirte, darum leide ich keinen Mangel. Er bringt mich auf Weideplätze mit saftigem Gras und führt mich zu Wasserstellen, an denen ich ausruhen kann. Er stärkt und erfrischt meine Seele. Er führt mich auf rechten Wegen und verbürgt sich dafür mit seinem Namen. … Nur Güte und Gnade werden mich umgeben alle Tage meines Lebens, und ich werde wohnen im Haus des Herrn für alle Zeit" (Psalm 23,1-3.6; NGÜ).

Pöbelei am Futternapf

Diego und ich kamen eines Tages von unserem täglichen Spaziergang zurück. Er war nun schon einige Monate bei uns und fühlte sich offenbar mehr und mehr zu Hause.

Denn als ich an diesem Tag meine Jacke auszog und mir etwas mehr Zeit als üblich damit ließ, ihm sein Futter zurechtzumachen, sprang Diego an mir hoch und pöbelte mich mit einem fast schon grollenden Bellen an.

„Mach hinne, ich hab Hunger!", wollte er mir wohl sagen.

Dieses Verhalten wollte ich jedoch nicht einreißen lassen und so wandte ich mich von ihm ab, ging in die Küche und holte mir eine Banane. Eigentlich hatte ich gar keinen Hunger, aber Bananen sind ein absoluter Leckerbissen für meinen Hund. Und so setzte ich mich mit der Banane direkt neben seinen Napf.

Langsam schälte ich die Banane, während Diego die Nase in die Luft reckte und versuchte, sich an mich heranzuschleichen. Trotz seines pöbelhaften Auftrittes vorher, hielt er nun doch respektvoll Abstand – auch wenn es ihm sichtlich schwerfiel.

Ich aß die Banane und hob ein kleines Stück für Diego auf, der inzwischen sabbernd vor seinem Napf Platz gemacht hatte.

Dann stand ich auf, holte Diegos Futter aus der Küche, stellte es vor ihm hin und garnierte es mit dem Bananenstückchen.

Wieder setzte ich mich neben den Napf und wartete. Erst in dem Moment, in dem Diego sich zur Seite drehte und ein Brummen hören ließ, das sagte: „Okay, ich drängle ja gar nicht mehr", gab ich ihm das Kommando, das den Futternapf freigab. Freudig stürzte er sich auf seine Mahlzeit.

Diego hatte in seiner Zeit vor dem Tierheim offenbar gelernt, dass Futter erstens überlebenswichtig und zweitens rar ist, deshalb war es kein Wunder, dass er nun, wo er unser Haus als sein Revier betrachtete, diese wichtige Ressource unter seine Kontrolle bekommen wollte. Trotzdem tut es dem Frieden in unserem Rudel nicht gut, wenn er sein Futter einfordert und seine Menschen anpöbelt. Deshalb war es an diesem Tag wichtig, ihm eine Grenze zu setzen und nicht gleich auf seine Forderungen einzugehen.

Ich kann Diegos „Not" gut nachvollziehen. Manchmal erscheint auch mir etwas so überlebenswichtig, dass ich Gott gerne „Beine machen" würde, weil ich denke, wenn er jetzt nicht reagiert, dann ist es zu spät. Und immer wieder muss ich erleben und hinnehmen, dass Gott sein ganz eigenes Timing hat. Dann stelle ich letztlich staunend fest, dass er seine Sache gut macht und es mir zum Guten dient, ihm die Kontrolle zu überlassen.

Ich maße mir nicht an zu wissen, warum Gott uns manchmal das vorenthält, was wir eigentlich brauchen oder was wir gerne zu unserer freien Verfügung hätten. Aber vielleicht können wir von Diego lernen, dass es gut ist, die Grenzen, die Gott uns setzt, zu achten und ihm zu vertrauen, dass es für den Frieden in Gottes „Rudel" so besser ist. Und wie schön ist es doch, dass wir dabei die Erfahrung machen können, dass Gott uns nicht am leeren Napf verhungern lässt, sondern uns wie ein liebevoller Vater gibt, was wir zum Leben brauchen – Bananenstückchen inklusive.

„Bittet, und es wird euch gegeben; sucht, und ihr werdet finden; klopft an, und es wird euch geöffnet. Denn jeder, der bittet, empfängt, und wer sucht, findet, und wer anklopft, dem wird geöffnet. Oder würde jemand unter euch seinem Kind einen Stein geben, wenn es ihn um Brot bittet? Würde er ihm eine Schlange geben, wenn es ihn um einen Fisch bittet? Wenn also ihr, die ihr doch böse seid, das nötige Verständnis habt, um euren Kindern gute Dinge zu geben, wie viel mehr wird dann euer Vater im Himmel denen Gutes geben, die ihn darum bitten" (Matthäus 7,7-11; NGÜ).

Alarmstufe rot!

Es war ein wunderschöner Morgen im Spätsommer. Die Luft war bereits von einer herbstlichen Kühle erfüllt. An den Traubenstöcken rechts und links des Wegs hingen pralle Traubenhenkel, die nur darauf warteten, gelesen zu werden. Ich bog mit Diego in einen sonnendurchfluteten Hohlweg ein, der hinauf in den Wald führte.

Am anderen Ende des Hohlwegs sah ich eine Bekannte mit ihrer Hündin Paula entgegenkommen. Unsere Hunde waren sich schon öfter begegnet und normalerweise waren sie gut miteinander ausgekommen.

Doch heute war das anders. Diego duckte sich, bereit, jederzeit zu einem pfeilschnellen Angriff überzugehen. Und Paula hörte ich bereits von weitem drohend knurren. Ihre Botschaft war eindeutig: Komm mir bloß nicht in die Quere.

Mit etwas Gebell führten wir Menschen unsere Vierbeiner schließlich aneinander vorbei und warfen uns nebenher wenigstens noch ein „Guten Morgen!" zu. Dann kehrte wieder Ruhe ein.

Doch was war diesmal anders gewesen als sonst? Was hatten unsere Hunde wahrgenommen? Offensichtlich nicht die entspannende Ruhe der Natur und die morgendlichen Sonnenstrahlen, die einem die Seele wärmen konnten. Hätte Diego sprechen können, hätte er vielleicht zu sich selbst gesagt: „Da kommt ein fremdes Rudel. Wir befinden uns auf einem relativ schmalen Weg. Rechts und links keine Möglichkeit, der Begegnung auszuweichen. Gefahrenstufe orange! Mein Mensch kümmert sich nicht! Scheint die Gefahr gar nicht wahrzunehmen. Also muss ich übernehmen: Muskeln anspannen – mich bereitmachen, eine Beißattacke abzuwehren. Oho! Sie knurrt. Alarmstufe rot! Es ist jederzeit mit einem Angriff zu rechnen!"

Wo ich als Mensch völlig entspannt bin und mich an einem herrlichen Sonnentag erfreue, wittert mein gestresster Diego nichts anderes als eine existenzielle Bedrohung.

Kommt Ihnen das irgendwie bekannt vor? Kann es sein, dass es bei uns Menschen manchmal ähnlich ist wie bei unseren vierbeinigen Gefährten? Da freut sich unser Gott an einem herrlichen Tag, den er wunderbar gemacht hat – und wir Menschen wittern nichts als Gefahren. Und warum? Weil wir den Weg, den wir gehen, völlig anders wahrnehmen als Gott.

Gott sieht das Ganze – die Sonne, die herrliche Luft, den Wald und die prallen Reben. Wir sehen nur diesen schmalen Weg mit dieser vermeintlichen Bedrohung, an der es scheinbar kein Vorbeikommen gibt. Und entsprechend angespannt und kampfbereit ziehen wir unserer Straße.

Gott weiß, wie es weitergehen wird. Es ist seine Welt, er hat sie geschaffen. Er weiß, wie er bestimmte Situationen einschätzen muss. Wir laufen gefühlt fast jeden Tag in unbekanntes Terrain hinein. Was wird der nächste Augenblick bringen? Was erwartet mich um die nächste Biegung meines Lebensweges?

„Selbst wenn ich durch ein finsteres Tal gehen muss, wo Todesschatten mich umgeben, fürchte ich mich vor keinem Unglück, denn du, ‚Herr‘, bist bei mir! Dein Stock und dein Hirtenstab geben mir Trost" (Psalm 23,4; NGÜ).

Alles gegeben!

Ronja war schon eine echte Seniorin, aber voller Lebensenergie und eine treue Gefährtin für meine Bekannte, die beinahe alles mit ihrer Hündin teilte.

Als Ronja an einem Tumor erkrankte, hieß es, sie habe nur noch wenige Tage zu leben. Man sah ihr an, wie schlecht es ihr ging. Doch dann, wie durch ein Wunder, ging es Ronja plötzlich wieder besser. Sie erholte sich scheinbar völlig, obwohl der Tumor nicht verschwunden war. Meine Bekannte atmete auf. Ihre Hündin bedeutete alles für sie und würde ihr sehr fehlen. Nun bekamen sie noch ein paar gute gemeinsame Monate geschenkt. Fast war es so, als hätte Ronja spüren können, dass meine Bekannte für diesen Abschied noch nicht bereit gewesen war, dass sie ihre Ronja noch eine Weile bei sich brauchte.

Schließlich aber kam der Tag, an dem Ronja Kraft und Lebenswille verließen und es Zeit war, sie gehen zu lassen. Schweren Herzens ließ meine Bekannte ihre Gefährtin einschläfern, um ihr weiteres Leid zu ersparen.

Auch von anderen Hundefreunden habe ich gehört, dass ihre vierbeinigen Begleiter sich trotz schwerer Krankheit noch einmal aufrappelten, so als wollten sie ihre Menschen nicht im

Stich lassen, so als spürten sie genau, welchen Schmerz ihr Tod ihren Menschen bereiten würde.

Viele Hunde haben ein tiefes Gespür für ihren Menschen – wie es ihm geht, wie er gerade drauf ist –, auch wenn sie sicher nicht verstehen, warum das so ist oder wie menschliche Gefühle wie Trauer, Sorgen oder Ärger zu deuten sind.

Wenn ich mal eine Erkältung oder Rückenschmerzen habe und mich mit Mühe zu einem morgendlichen Kurztrip mit Diego aufraffe, ist mein Hund immer besonders wachsam. Er spürt meine körperliche Schwäche und will sie ausgleichen. An solchen Tagen muss ich ihn geradezu bremsen, damit er nicht jeden fremden Hund anbellt oder einfach vertauscht, wer an welchem Ende der Leine läuft.

Was Diego da macht, kann man noch sehr gut mit Rudel-verhalten erklären. Ist der Leithund zu schwach, übernehmen andere die Führung, damit das Rudel geschützt bleibt. Aber was ist mit diesen Momenten, in denen Hunde ein viel weiter-gehendes Gespür für ihren Menschen zu haben scheinen – so wie Ronja, die todkranke Hündin? Ist da etwas Menschliches im Hund? Eine menschliche Seele mit höheren Gefühlen vielleicht sogar?

Im Römerbrief (Kapitel 8,19) schreibt der Apostel Paulus davon, dass die ganze Schöpfung sehnsüchtig darauf wartet, dass die Kinder Gottes offenbar werden. Und ein paar Verse wei-ter heißt es gar, die Schöpfung liege mit uns in Geburtswehen[1] in Erwartung des kommenden Gottesreiches.

Wenn unsere Haustiere uns manchmal menschlich erscheinen, dann liegt das nicht daran, dass sie tatsächlich menschliche Gefühle hätten – damit würden wir ihrem Wesen nicht gerecht. Nur weil unsere Gefährten so sensibel wahrnehmen, was unser Geruch, unsere Mimik und unsere Körperhaltung über unser Befinden verraten, sollten wir sie nicht vermenschlichen. Erlauben wir ihnen doch, das zu bleiben, wozu Gott sie geschaffen hat – durch und durch Hunde.

Ich denke vielmehr, diese uns menschlich anmutenden Fähigkeiten unserer Vierbeiner haben genau mit dem Umstand zu tun, den Paulus hier beschreibt: Sie teilen die tiefe Sehnsucht aller Geschöpfe danach, dass in einer zerbrochenen Welt Gottes Wesen sichtbar wird. Diese Sehnsucht ist so tief in uns hineingeschrieben, dass wir alle – Menschen wie Tiere – alles dafür geben, im Guten wie im Schlechten. Und weil unsere Vierbeiner weder Beruf, Erfolg, Geld, Statussymbole noch höhere Werte oder ideelle Güter besitzen, geben sie für diese Sehnsucht das hin, was sie haben: ihre geballte Lebensenergie.

Nachdem meine Bekannte mir von ihrer Ronja erzählt hatte, ging ich nach Hause, kraulte meinen Diego unter dem Kinn, schaute ihm dabei tief in die Augen und bekam die Frage einfach nicht aus dem Kopf: „Was gibst du für mich? Wo teilst du mit mir diese Sehnsucht?" Mir fiel so manches dazu ein.

Tröster in der Not

*I*ch sah das Ehepaar schon von weitem. Wir waren uns auf dem Feld bereits oft begegnet und stets war ihre Schäferhündin an ihrer Seite gewesen. Doch heute war etwas anders. Weit und breit war keine Mila zu sehen. Das konnte eigentlich nichts Gutes bedeuten.

Auf Mila angesprochen berichteten sie mir, dass die Hündin während ihres gemeinsamen Urlaubs an den Folgen eines Tumors verstorben wäre.

„Ein grauenhafter Urlaub", meinte die Frau sichtlich bewegt und fügte hinzu: „Wir konnten sie nicht wieder mit nach Hause bringen."

Ihre Trauer über den Verlust ihrer Gefährtin war wohl auch für Diego spürbar, denn er lief zuerst auf die Frau und dann auf den Mann zu, stupste beide sanft mit der Nase an und ließ sich von ihnen streicheln.

Während der Mann meinem Hund auf die Flanken klopfte, sah ich, wie ihm die Tränen kamen. Diego – der von seiner Statur und seinem Temperament der verstorbenen Hündin ähnlich war – hatte wohl etwas in ihm angerührt. Das, was er verloren hatte, stand plötzlich vor ihm und ließ sich mit Händen greifen.

Und so schien es, als habe mein Hund ihnen die Tür zu einem kostbaren Moment der Trauer geöffnet.

Ich glaube, wir brauchen solche Momente, in denen wir Trauer zulassen, damit wir Trost erfahren können. Wenn Gott zu erwachsenen Menschen sagt: „Ich will euch trösten wie eine Mutter ihr Kind" (Jesaja 66,13; Hfa), kann das doch nur eines heißen: Wir brauchen Trost – ein Leben lang. Wir sind nicht irgendwann zu alt für Tränen oder zu reif dafür, uns mit unserer Trauer zu befassen. Ganz im Gegenteil. Gott möchte, dass wir uns ganz kindlich-unbefangen auf seinen Trost einlassen.

Mich hat dieser Moment auf dem Feld bewegt – die Selbstverständlichkeit, mit der Diego sich als Tröster angeboten hat, aber auch die Offenheit dieses erwachsenen Mannes, seine Trauer zuzulassen.

Ein tierischer Entspannungstrainer

*Ü*bungen zur sogenannten „achtsamkeitsbasierten Stressreduktion" zählen mit zu den wirksamsten Techniken gegen Burnout und stressbedingte Anspannung. Man lernt, sich selbst, seinen Körper und die Dinge, die man tut und denkt, achtsam und ohne Bewertung wahrzunehmen. Das Ziel solcher Trainings ist, Stress im Alltag zu reduzieren und besser entspannen zu können. Für eine Heilpraktikerin für Psychotherapie ist es also fast schon ein Muss, eine Schulung in diesem Bereich zu absolvieren.

Vorgestern machte ich eine der zu einem solchen Programm gehörenden Wahrnehmungsübungen und legte mich dazu aufs Sofa. Abschnitt für Abschnitt nahm ich wahr, wie sich mein Körper gerade fühlte – bis ich schließlich höchst professionell eindöste. Im Hintergrund hörte ich immer wieder die Stimme der Trainerin von der CD: „Richten Sie nun Ihre Aufmerksamkeit auf Ihre Atmung …" Und einen halben Traum später: „Nehmen Sie wahr, wie sich Ihr Nacken gerade anfühlt …"

Als ich wieder aufwachte, kam mein Diego von seiner Decke zu mir und bot sich zum Streicheln an. Mit freundlich gesenktem Kopf und runtergeklappten Ohren – ich frage mich jedes Mal, wie er es hinkriegt, seine spitzen Ohren derart fallenzulassen – ließ er sich von mir kraulen und „lauschte" mit seinem Blick meinen Bewegungen hinterher.

Dann tat es einen Plumps und mein tiefenentspannter Hund lag auf dem Boden neben dem Sofa und gab leise Geräusche des Wohlbefindens von sich, während ich ihm Bauch und Flanke kraulte.

Meine Gedanken gingen zurück zu meiner soeben absolvierten Wahrnehmungsübung und mir wurde bewusst, dass ich von meinem Hund noch viel lernen konnte: Dieser Hund, der häufig so gestresst und angespannt ist, kann ebenso schnell entspannen, sobald er sich in einer ihm freundlich gesonnenen Umgebung geborgen weiß. Er lebt schon das, was wir Menschen oft erst mühsam wieder lernen müssen: ganz im Hier und Jetzt zu sein – ohne einen Gedanken daran, dass ihn gestern der kleine weiße Chihuahua böse angeknurrt hat, und ohne die Sorge, ob auch morgen das richtige Futter im Napf sein wird.

Wie sagt Jesus zu uns? „Macht euch keine Sorgen um euren Lebensunterhalt, um Nahrung und Kleidung! Bedeutet das Leben nicht mehr als Essen und Trinken, und ist der Mensch nicht wichtiger als seine Kleidung? Seht euch die Vögel an! Sie säen nichts, sie ernten nichts und sammeln auch keine Vorräte. Euer Vater im Himmel versorgt sie. Meint ihr nicht, dass ihr ihm viel wichtiger seid? Und wenn ihr euch noch so viel sorgt, könnt ihr doch euer Leben um keinen Augenblick verlängern" (Matthäus 6,25-27; Hfa).

Letztlich geht es bei diesen achtsamkeitsbasierten Übungen um genau diese Haltung: die Sorgen loszulassen, weil sie nichts verändern. Eigentlich sollte uns Christen das umso leichter fallen, wo wir doch wissen, dass da ein Vater im Himmel ist, der für uns sorgt. Eigentlich.

Wenn ich meinen Hund streichle, geht es mir wie vielen Menschen – ich komme zur Ruhe. Dieses Genießenkönnen ohne den Blick auf die Sorgen von gestern oder morgen ist einfach ansteckend – und so gesund!

„Hilfe, ein Schäferhund!"

Diego ist ein Schäferhund-Mix. Er ist etwas kleiner und sein Fell hat nicht diese typische „Mähne" um den Halsbereich, wie ihn viele imposante Schäferhunde haben. Aber er ist eindeutig ein Vertreter seiner Rasse. Und wenn er dann auch noch sein „Fahrgestell tiefer legt", so als wollte er sich an eine Beute anpirschen, oder gar sein tiefes, grollendes Bellen hören lässt – dann macht das schon Eindruck. Das hat seine Vor- und seine Nachteile, je nachdem, wem ich gerade begegne.

Als ich vor einiger Zeit mit Diego an meiner Seite nachts um ein Uhr an einer schlecht beleuchteten Straße einem Schrank von einem Mann in Springerstiefeln begegnete, ging dieser – ohne dass mein Hund irgendetwas getan hätte – gleich einen Meter nach rechts. Offenbar wollte er uns nicht in die Quere kommen. Vielleicht hatte er schon schlechte Erfahrungen gemacht, auf jeden Fall beeindruckte das Bild vom „Schäferhund", das er im Kopf hatte, ihn so sehr, dass er meinte, uns ausweichen zu müssen. Dass mein ängstlicher Diego sich in der Nacht oft lieber in meinen Schatten duckt, als mutig vorneweg zu preschen, konnte er ja nicht wissen.

Dieses Schreckbild vom aggressiven Schäferhund hat jedoch

auch seine Schattenseiten. So kam es schon vor, dass ich im Wald an zwei völlig aufgedreht an der Leine tanzenden Hunden vorbeiging, die Diego wohl ganz gerne zu einem Kämpfchen angestachelt hätten. Mein tapferer Hund ging trotzdem ruhig und ohne Gebell an ihnen vorbei. Kaum waren wir drei Schritte weiter, hörte ich hinter mir den einen Menschen zum anderen sagen: „Mit Schäferhunden ist das so 'ne Sache. Da weiß man nie, was passiert."

Und dann waren da noch diese beiden Damen in Minirock und modischem Lederjäckchen, die mit ihren Hunden an unserem Firmengelände vorbeigingen. Ich hatte Diego an einem Pfeiler unseres Außengeländers festgemacht, weil ich kurz ins Büro musste, um etwas zu holen. Er lag entspannt auf dem Boden und beobachtete die beiden anderen Hunde, die ihn gar nicht wahrzunehmen schienen.

Plötzlich entdeckte eine der Frauen unseren Diego, rief aufgeregt: „Ein Schäferhund! Ein Schäferhund!" und stakste fast panisch über die Wiese zu ihrem verblüfften Pudel, um ihn anzuleinen und sich und ihn *in Sicherheit* zu bringen.

Die kurioseste Begegnung dieser Art hatte ich jedoch mit einem recht beleibten Mann, dessen ebenfalls stark übergewichtiger Chihuahua Diego schon von weitem entgegenknurrte und drohend die Zähne fletschte.

Als wir näherkamen, fragte mich der Herr besorgt: „Ist Ihr Hund gefährlich?"

Ich konnte nicht anders und es rutschte mir einfach so raus: „Kommt darauf an, wie gefährlich Ihr Hund ist."

Dem Mann fiel sichtbar die Kinnlade runter. Er schien die Welt nicht zu verstehen, so als wollte er mir sagen: „Wie kommen Sie auf die Idee, dass mein kleiner Liebling gefährlich sein könnte?"

Tja, wie wohl …

Es waren die Bilder in ihrem Kopf – von meinem Hund, von ihrem eigenen Hund –, die alle diese Menschen so reagieren ließen. Es waren nicht die Situationen oder Diegos Verhalten.

Ich erlebe aber auch gegenteilige *Irr-Bilder* in den Köpfen der Menschen: Manchmal begegnen mir junge Mädchen, erblicken Diego, stupsen sich gegenseitig an und lassen dann ein unüberhörbares: „Oh, süüüß!" hören. Hin und wieder wollen sie meinen *süßen kleinen Hund* dann streicheln und fragen schließlich, wie alt Diego sei. Wenn ich dann sein Alter nenne, sind sie meist sehr erstaunt.

Diego hat etwas welpenhaft Bezauberndes an sich – mit seinen etwas zu groß geratenen Ohren und seinem für Schäferhunde etwas zu schlanken Körper. Und wenn er dann noch neugierig seinen Kopf zur Seite legt, hat er tatsächlich etwas an sich, das einfach nur *süüüß* und unwiderstehlich ist.

Wir Menschen haben bestimmte Bilder im Kopf, mit denen wir andere Menschen, Tiere, Gegenstände oder Situationen in Sekundenschnelle abgleichen und einschätzen. Je nachdem, ob unsere Bilder positiv oder negativ besetzt sind, reagieren wir abwehrend und ängstlich oder offen und vertrauensvoll. Und mit Gott machen wir das nicht anders, wie die folgende Begebenheit zeigt:

„Gleich darauf drängte Jesus seine Jünger, in ihr Boot zu steigen und an das andere Ufer des Sees vorauszufahren. Er selbst blieb zurück, denn er wollte erst noch die Leute verabschieden. Dann ging er auf einen Berg, um ungestört beten zu können. Bei Einbruch der Nacht war er immer noch dort, ganz allein. Die Jünger waren schon weit draußen auf dem See, als ein Sturm heraufzog. Der starke Gegenwind peitschte die Wellen auf und machte dem Boot schwer zu schaffen. In den frühen Morgenstunden kam Jesus über den See zu ihnen. Als die Jünger ihn auf dem Wasser gehen sahen, waren sie zu Tode erschrocken. ‚Es ist ein Gespenst!‘, meinten sie und schrien voller Entsetzen. Aber Jesus sprach sie sofort an: ‚Habt keine Angst! Ich bin es doch, fürchtet euch nicht!‘" (Matthäus 14,22-27; Hfa).

Das emotionsgeladene Bild, das ich im Kopf habe, und meine daraus resultierende Bewertung der Situation, in der ich mich befinde, werden darüber bestimmen, wie ich die Welt um mich wahrnehme und wie ich mich verhalte. Das gilt im Blick auf Hunde ebenso wie im Blick auf meine Begegnungen mit Menschen oder Gott. Wie schön wäre es, wenn es uns gelänge, die alten *Gespenster* in unseren Köpfen durch neue Beziehungserfahrungen mit einem realen Gegenüber zu ersetzen. So, wie es die Jünger im Boot erlebt haben.

Herbstnebel

Es war ein trüber Tag, kühl und nass. Die Nebelfeuchtigkeit kroch einem buchstäblich in jede Faser. Diego versuchte, den dichten Nebel schnuppernd zu durchdringen. Für mich als Mensch war er zunächst einfach nur eine graue Masse, in der ich mich allein deshalb zurechtfand, weil ich die Wege kannte.

Etwa eine halbe Stunde mussten wir laufen, dann ahnte man, dass über der düsteren Nebelschicht noch etwas anderes auf uns wartete. Helle Flecken lockerten das fahle Grau auf, als wir zum nahegelegenen Schloss hinaufwanderten. Bald zeigten sich erste Strahlen zwischen den Bäumen, zunächst nur eine Andeutung von Sonnenlicht, dann immer deutlicher werdend.

Einige Höhenmeter später erreichten wir die Nebelgrenze – diesen Übergang vom Weiß des Wasserdampfes zum klaren Blau des darüberliegenden Himmels. Dort ereignete sich ein faszinierendes Spiel aus Nebel und Sonne, das immer wieder neue Strahlenkränze um Baumstämme malte und uns erahnen ließ, was es bedeutet, wenn Gottes Licht über die schweren Nebelwolken menschlichen Leids siegt. Wie ein großer Durchbruch öffnet sich mit einem Mal die düstere Decke und das Leben bricht sich Bahn – in einem Tanz aus Licht und Tautropfen, Sonnen-streifen und Schattenspielen.

Es ist der schöpferische Ausdruck einer Verheißung Gottes, die der Prophet Jesaja vor hunderten von Jahren in Worte gefasst hat:

„Steh auf, Jerusalem, und leuchte! Denn das Licht ist gekommen, das deine Finsternis erhellt. Die Herrlichkeit des Herrn geht auf über dir wie die Sonne. Dunkle Wolken bedecken die Erde, alle Völker leben in tiefer Nacht. Doch über dir leuchtet das Licht des Herrn auf, und seine Herrlichkeit erscheint über dir. Andere Völker werden von diesem Licht angezogen, ihre Könige eilen herbei, um den strahlenden Glanz zu sehen, der über dir aufgegangen ist" (60,1-3; Hfa).

Was damals an Jerusalem und das Volk Israel gerichtet war, ist durch Jesus für jeden Menschen gültig – und an einem Nebeltag wie diesem geradezu mit Händen zu greifen, wenn wir uns auf Gottes Reden durch seine Schöpfung einlassen.

Empfangsbereit!

Wissen Sie, wie Hunde *hören*? Da ist alles auf Empfang: Die Nase ist leicht angehoben, um jeden Hauch einer Witterung aufzunehmen. Die Ohren sind aufgestellt und drehen sich wie Radarantennen in die verschiedensten Richtungen, um nicht das leiseste Signal zu verpassen. Der Mund ist leicht geöffnet, denn auch hierüber können Hunde Duftspuren erkennen. Die Augen suchen die Landschaft ab, um jede verdächtige Bewegung sofort zu registrieren.

Ein Hund ist mit allen Sinnen empfangsbereit, und mehr

noch, er ist bereit, blitzschnell zu reagieren. Ein kurzer Blick, eine winzige Körpergeste, ein *Kommando* vom Anführer und ein Hunderudel stürmt los.

Wenn ich mit Diego im Wald bin, erlebe ich das immer wieder. Auf einmal wittert er ein Eichhörnchen, einen Fuchs oder ein Reh und sofort ist jeder Muskel in ihm sprungbereit. Wenn ich ihn dann zu mir rufe und ihn Sitz machen lasse, wandert sein Blick zwischen dem Wildtier und mir hin und her. Mit aufmerksamer Miene wartet er auf meinen Befehl zur Jagd.

Nur, dass der natürlich nicht kommt. Stattdessen ziehe ich meine Kamera hervor und versuche, einen guten Schnappschuss von den scheuen Waldbewohnern zu ergattern. Diego wartet derweil mit bebenden Nasenflügeln, aber er wartet! Er stürmt nicht los. Er kennt unsere Mission. Und natürlich weiß er, dass ihm am Ende *eine* Beute sicher ist – ein leckeres Stück Trockenfleisch aus meiner Tasche.

Manchmal denke ich, ich kann noch vieles lernen, was meine Bereitschaft angeht, meinem *Leader of the pack*, Gott als meinem *Rudelführer*, bedingungslos zu folgen. Bin ich bereit, mit allen Sinnen wahrzunehmen, was um mich herum geschieht, oder gehe ich achtlos durch den Tag – abgelenkt von Konsumversprechen, übervollen Terminplänen und monotonem Alltagstrott?

Und wenn ich mit wachen Augen durch die Welt gehe, bin ich dann bereit, meine eigenen Ziele und Wünsche dem unterzuordnen, was Gott gerade vorhat? Meine Aufmerksamkeit auf sein Reden zu richten und danach zu handeln?

Im Hebräerbrief heißt es: „Deshalb fordert uns der Heilige

Geist auf: ‚Heute, wenn ihr meine Stimme hört, dann verschließt eure Herzen nicht'" (3,7-9; Hfa).

Ich wünsche mir, dass ich meine Nase noch viel öfter in den Windhauch Gottes halte, um mit allen Sinnen empfangsbereit zu sein und mit ganzer Aufmerksamkeit zu hören und danach zu handeln.

Krankenpfleger
wider Willen

Eine Woche lang hatte die Grippe mich völlig im Griff. Mit Mühe schleppte ich mich mit meinem Diego in den Garten, damit er wenigstens das Nötigste erledigen konnte.

Zuerst war Diego etwas verwirrt, wenn er mich husten hörte. Er schaute mich an und schien sich zu fragen: „Fängt Frauchen jetzt auch noch an zu bellen? Was will sie mir sagen?"

Doch schließlich begriff er wohl, dass es sich hier nicht um misslungene Kommunikationsversuche eines Zweibeiners handelte und dass mein *Bellen* nicht an ihn gerichtet war. Und so kam er nur noch ab und an zu mir, stupste mich mit der Schnauze an, als wollte er sagen: „Halt durch! Das wird wieder!" und wartete ansonsten rücksichtsvoll auf seiner Decke neben dem Sofa darauf, dass das Rudel wieder aufbrechen konnte.

Dann endlich kam der Tag, an dem wir erneut einen normalen Spaziergang machen konnten. Kurz bevor wir die Stelle erreichten, an der ich Diego meist von der Leine lasse, warf er mir einen Blick zu: „Darf ich?" Er durfte. Mein Hund wartete brav, bis ich ihm die Leine abgenommen hatte und das Kommando „Lauf!" erschallte.

Wie eine Rakete schoss er davon, raste in Höchstgeschwindigkeit über das Feld, blieb etwa 100 Meter von mir entfernt kurz stehen, schaute mich an und jagte dann mit demselben atemberaubenden Tempo wieder auf mich zu. Zwei Meter vor mir drehte er ab und vollführte noch eine weitere Runde.

Es war eine wahre Explosion von Kraft und Lebensfreude. Nachdem er sich ausgetobt und ein paar obligatorische Duftmarken gesetzt hatte, schloss er wieder zu mir auf und trottete in meinem lahmen Tempo neben mir her.

Was für ein treuer Freund, der sich so lange zurückgenommen hatte, um als tierischer *Krankenpfleger* neben meinem Sofa auszuharren. Die Belohnung durch den Spaziergang hatte er sich wirklich verdient.

Während mir bewusst wurde, wie viel mein Diego in den vergangenen Tagen für mich getan hatte und worauf er für mein Wohlbefinden verzichtet hatte, musste ich unwillkürlich an die Worte des Predigers denken:

„Noch etwas habe ich auf dieser Welt beobachtet, das mir sinnlos erscheint: Manch einer lebt völlig allein und hat weder Kinder noch Geschwister. … Das ist doch unsinnig! … Wie schlecht steht es um den, der alleine ist, wenn er hinfällt! Niemand ist da, der ihm wieder aufhilft! Wenn zwei in der Kälte zusammenliegen, wärmt einer den anderen, doch wie soll einer allein warm werden?" (4,7-8.10-11; Hfa).

Sicher sind es zu allererst Menschen, die uns Gott als Gegenüber und Weggefährten für die schweren und die guten Zeiten des Lebens gegeben hat, aber manchmal ist es eben auch *des Menschen bester Freund*, der uns in einer *kalten Nacht* die Seele wärmt oder als *Krankenpfleger* an unserem Bett ausharrt.

Du nervst!

Mercy ist eine lebendige kleine Hundedame, ein Spitzmischling, der das Leben von Familie H. bereichert, auf Kommando tolle Tricks auf Lager hat und sich dafür gerne mit ein paar Leckerlis belohnen lässt. Freundlich, neugierig und gut erzogen – eine echte Lady eben. Normalerweise meldet sie nur kurz, wenn sich Besuch ankündigt oder irgendetwas nicht so zu sein scheint, wie es soll.

Doch an diesem Abend ist alles anders. Mercy nervt und zwar so richtig. Sie bellt, läuft zur Haustür, will unbedingt raus und weigert sich, zum Schlafen mit Frauchen nach oben und ins Körbchen zu gehen.

Kein Kommando hilft. Kein Schimpfen. Nichts. Mercy will nicht.

Völlig entnervt trägt Frau H. ihren widerspenstigen Vierbeiner schließlich die Treppe hoch und verfrachtet die kleine Dame etwas unsanfter als sonst auf ihr Ruhekissen.

Erst am nächsten Morgen, als die Kinder mit dem Fahrrad zur Schule fahren wollen, wird deutlich, warum sich Mercy so unmöglich verhalten hat – und dass ihre Menschen sie völlig missverstanden haben: Eines der Fahrräder wurde in der Nacht gestohlen.

„Wer Ohren hat zu hören, der höre", ist ein Satz, den Jesus immer wieder zu seinen Jüngern sagt. Es scheint ihm nicht entgangen zu sein, dass Hören bei uns Menschen keine anatomische Selbstverständlichkeit ist und dass unsere inneren Ohren häufig nicht sensibel genug sind, um die feinen Töne im Reden Gottes zu hören. Oder liegt es vielleicht hin und wieder auch daran, dass uns das, was Gott zu sagen hätte, erst einmal *nervt*?

Hunde hören um vieles besser als wir Menschen und besitzen, so scheint es mir, oft auch die deutlich feineren Antennen für das, was man nicht mit den äußeren Ohren wahrnimmt. In dieser Hinsicht können wir viel von ihnen lernen. Es lohnt sich, immer wieder mal mit den Ohren unserer Fellnasen zu lauschen und sich von ihrer inneren und äußeren Aufnahmebereitschaft inspirieren zu lassen.

Die Fleißpunkte-Sammler

Kennen Sie noch diese Fleißpunkte, die man früher in der Schule sammeln konnte? Später wurde uns Müttern geraten, für unsere Kinder als Belohnung Listen mit Sternchen zu führen. Und inzwischen verteilen wir einander strahlende Emojis über WhatsApp & Co, wenn wir uns gegenseitig nonverbal belohnen wollen.

Mein Diego ist ganz eindeutig ein Fleißpunkte-Sammler. Er will alles richtig machen und freut sich auf die Belohnung, die dann auf ihn wartet.

Nur leider versteht er nicht immer, was ich unter *richtig machen* verstehe.

Wenn er bellend auf unsere Besucher einstürmt und sie zu hüten beginnt, finde ich das überhaupt nicht richtig. Diego hingegen schaut mich (immer noch bellend) an und scheint zu sagen: „Na, wie mache ich das. Ich mach doch alles richtig. Nun rück auch mal die Belohnung raus."

Das Problem ist: Ich gehöre auch zu den Fleißpunkte-Sammlern und würde, was meinen Hund und unsere Besucher angeht, auch gerne alles richtig machen.

Können Sie sich vorstellen, wie viel Anspannung in der Luft

liegt, wenn zwei Fleißpunkte-Sammler mit völlig unterschiedlichen Vorstellungen von *richtig* aufeinandertreffen?

Da muss einer von beiden aussteigen und aufhören, Fleißpunkte sammeln zu wollen. Sonst gibt es nur Chaos und Stress. Raten Sie mal, wer in unserem Hund-Mensch-Team das sein sollte? Genau: ich, der Mensch.

Denn: „Der Herr gab dem Menschen den Verstand, um seine innersten Gedanken und Gefühle zu durchleuchten" (Sprüche 20,27; Hfa), und in solchen Situationen, in denen keiner mehr gewinnen kann, hilft nur noch, sich von Gott *durchleuchten* zu lassen und die eigenen verborgenen Motive zu klären.

Also, den eigenen inneren Antreiber runterfahren und dem Vierbeiner helfen, die richtigen Fleißpunkte zu sammeln. Dann kommt am Ende für alle eine Belohnung raus: Leckerlis für den Hund. Himmlische Ruhe für die Menschen.

Ehrlich gesagt: Was das *Durchleuchten* angeht – daran arbeitet Gott immer noch gemeinsam mit mir.

„Furchenläufer"

Wissen Sie, was ein *Furchenläufer* ist? Wenn wandernde Schafherden durch Gegenden getrieben werden, in denen es viele Äcker und Gehöfte gibt, ist es die Aufgabe der Hütehunde, eine unsichtbare Grenze um die Herde zu ziehen, damit diese auf der Weide bleibt und sich nicht an den Früchten auf den Äckern vergreift. Dazu laufen die Hunde die an die Weide angrenzende Ackerfurche ab – hin und her und hin und her – stundenlang. Und wenn dann doch mal ein Schaf es wagt, sich dieser Grenze zu nähern, treibt der Hütehund es zurück zur Herde.

Furchenlaufen mag für uns Menschen monoton wirken, für die Hunde ist es konzentrierte Arbeit – eine Aufgabe, die sie mit ganzer Hingabe und in intensivem Kontakt mit ihrem Schäfer und der Herde erfüllen.

In meinem Diego scheint noch eine Menge *Furchenläufer* zu stecken, denn wenn wir morgens zu einer Fahrradtour aufbrechen, ist er mit allen Sinnen bei der Sache. Dann lässt er sich auch nicht von den Duftmarken seiner Kollegen am Wegesrand ablenken. Er läuft in seiner *Furche* – egal ob es nun der Rand eines Feldwegs, der Rinnstein oder der weiße Streifen neben einer Fahrspur ist.

Während mein Hund sich am Anfang noch stark von plötzlichen Geräuschen und Bewegungen ablenken ließ, hat er inzwischen gelernt, in solchen Momenten auf mich zu achten. Er macht nicht einfach sein Ding, sondern hört auf meine Kommandos. Ein langgezogener leiser Pfiff und mein Diego kommt besonders eng ans Fahrrad heran und läuft leicht hinter mir. Ein kurzer hoher Pfiff und er weiß, gleich wechseln wir die Richtung und folgen einer anderen *Furche*.

Ich bin mir sicher, dass mancher Zweibeiner, der uns beobachtet, Diego dafür bedauert, dass er an der Leine neben einem Fahrrad herlaufen muss, und denkt, dass es doch viel schöner wäre, wenn er ohne Leine seine Freiheit genießen könnte. Aber wissen Sie, was passiert, wenn ich Diego auf verkehrsfreien Wegen die Leine abnehme. Er schnuppert kurz hier, setzt dort eine Duftmarke und dann … reiht er sich wieder neben mir ein und läuft seine Furche ab – ganz freiwillig –, weil es das ist, was ihm im Blut liegt.

Wir Menschen sind manchmal auf eine ganz andere Weise *Furchenläufer*. Wir stecken fest in unseren eingefahrenen Spuren. Das hat wenig mit der Art eines Hütehundes zu tun, der mit sich und seiner Aufgabe im Einklang und innerlich auf seinen Schäfer eingestimmt ist.

Wenn wir Zweibeiner uns in unseren ausgetretenen Wegen verrannt haben, haben wir den Kontakt zu unserer Bestimmung und zu unserem Hirten mehr oder weniger vollständig verloren.

Ich persönlich möchte von meinem Diego immer wieder lernen, dass es gut ist, solche gesunden *Furchen* zu haben – unsichtbare gute Grenzen, die wir uns nicht selbst aussuchen, von denen wir aber spüren, dass es gut ist, ihnen zu folgen. Und ich möchte von Diego lernen, dass es ebenso wichtig ist, bei der Aufgabe des *Furchenlaufens* den Schäfer nie aus dem Blick zu verlieren, damit die Furchen, die ich ablaufe, dem Leben dienen und mich und andere glücklich machen.

„Beschütze mich, Gott, denn bei dir suche ich Zuflucht!
Ich bekenne: Du bist mein Herr und mein ganzes Glück!
Du, Herr, bist alles, was ich habe; du gibst mir, was ich zum
  Leben brauche.
In deiner Hand liegt meine Zukunft.
Ich sehe immer auf den Herrn. Er steht mir zur Seite, damit
  ich nicht falle.
Darüber freue ich mich von ganzem Herzen, alles in mir
  bricht in Jubel aus.
Bei dir, Herr, bin ich in Sicherheit.

Du zeigst mir den Weg, der zum Leben führt.
Du beschenkst mich mit Freude, denn du bist bei mir;
aus deiner Hand empfange ich unendliches Glück."

Psalm 16,1-2.5.8-9.11 (Hfa)

Spuren im Sand

Heute ist wieder so ein Tag, an dem Diego die Nase nicht vom Boden hochbekommt. Und das, obwohl er doch gar kein Spürhund ist. Unruhig sucht seine Schnauze den sandigen Boden in der Rheinebene ab, aus dem in ein paar Wochen wieder die herrlichsten Spargelstangen sprießen werden.

Doch das alles interessiert meinen Vierbeiner nicht. Er durchforstet den Sand, weil er unbedingt wissen will, wer hier seine Spuren hinterlassen hat.

War es die läufige Hundedame, die ihn neulich schon magisch angezogen hat? Oder doch eher der Rüde mit der aufgestellten Bürste, der absolut keinen Spaß versteht, wenn es um sein Revier geht?

Hunde wollen wissen, wer seine Spuren im Sand hinterlassen hat und wie er drauf war – ob der Weg sicher ist oder ob Gefahren lauern. Ihr Organ dafür sind Nase, Zunge & Co.

Was ist unser Organ, mit dem wir die Spuren in unserem Lebenssand durchforsten?

Manchmal scheint es mir, als würde uns dafür *der richtige Riecher* fehlen. Wir Menschen neigen dazu, Spuren zu lesen, wo gar keine sind und uns unseren eigenen *Lebenssand* (unsere ganz private Weltsicht) zusammenzumischen – dann lesen wir die Welt je nach Temperament rosarot oder grau in grau. Oder wir nehmen die eine ganz zentrale Spur unseres himmlischen Rudelführers vor lauter anderer Gerüche überhaupt nicht mehr wahr und laufen ziellos suchend mit der Nase am Boden über den Acker.

Aber Jesus geht jeden Tag mit uns über das Feld. Er ist da und lädt uns ein, uns an ihm zu orientieren, wenn die Spuren im Sand unseres Lebens gerade mal wieder völlig verwirrend sind.

„Vertraut euch meiner Leitung an und lernt von mir … Wenn ihr das tut, dann findet ihr Ruhe für euer Leben. Das Joch, das ich euch auflege, ist leicht, und was ich von euch verlange, ist nicht schwer zu erfüllen" (Matthäus 11,29-30; Hfa).

Heute nehme ich meinen Diego an die Leine, weil ich merke, dass ihn seine Spurensuche immer unruhiger werden lässt. Es braucht einen Moment, aber dann trottet er entspannt neben mir her und scheint sich zu sagen: „Okay, meine Rudelführerin kennt den Weg."

Diego
auf Eulenjagd

Es ist ein kalter Wintertag, der sich gerade seinem Ende zuneigt. Wir sind auf dem Heimweg und laufen durch die malerischen Straßen unserer mittelalterlichen Stadt. Vor einem Schaufenster bleibe ich ganz zufällig stehen, um ein Taschentuch aus meiner Jackentasche zu holen.

Plötzlich wird mir bewusst, dass mein Hund wie gebannt auf die Auslage starrt. Verdutzt folge ich seinem Blick und begreife schließlich, worum es geht: Dort, zwischen allerlei Brillenmodellen und winterlicher Deko, hat sich – man glaubt es kaum – eine Eule versteckt.

Und während mir völlig klar ist, dass es sich hier nur um ein Modell aus Pappmaschee und ein paar Hühnerfedern handelt, denkt mein Diego offenbar, das Tier sei echt. Tja, so kann man sich täuschen.

Und wir Menschen?

Jagen wir nicht auch oft einer *Beute* hinterher, die sich im Nachhinein als falsch erweist – als billige

Kopie des echten Lebens? Starren wir nicht manchmal wie gebannt auf etwas, das uns eigentlich nur ablenkt und bei weitem nicht erfüllt, was es zu versprechen scheint? Seien es beruflicher Erfolg, Macht und Status; sei es das Glück für uns und unsere Lieben, oder seien es gar ideelle oder geistliche Dinge, die an sich zwar nicht verkehrt sind, die uns jedoch auf eine ungesunde, vereinnahmende Weise in ihren Bann gezogen haben wie diese Pappmaschee-Eule meinen armen Diego.

Jesus sagt uns unmissverständlich, welcher *Beute* wir nachjagen sollen: „Es soll euch zuerst um Gottes Reich und Gottes Gerechtigkeit gehen, dann wird euch das Übrige alles dazugegeben" (Matthäus 6,33; NGÜ). Und Paulus, der nach eigenem Bekunden alles daransetzt, diesem Ziel – Gottes neuer Welt – nachzujagen, ermutigt uns, auf Gottes Unterstützung zu vertrauen, wenn wir wieder einmal auf Eulen aus Pappe hereingefallen sind:

„Wir alle, die der Glaube an Christus zu geistlich reifen Menschen gemacht hat, wollen uns ganz auf dieses Ziel ausrichten. Und wenn eure Einstellung in dem einen oder anderen Punkt davon abweicht, wird Gott euch auch darin die nötige Klarheit schenken" (Philipper 3,15; NGÜ). Hin und wieder auf Eulenjagd zu geraten, gehört offenbar auch zum Menschsein. In solchen Momenten dürfen wir wissen, dass Gott uns zu gegebener Zeit neu erkennen lassen wird, worum es im Leben wirklich geht.   •

Der Streitschlichter

Heute hatten wir Zweibeiner eine heftige Diskussion. Eigentlich ging es um eine Kleinigkeit, aber mein Mann und ich waren definitiv nicht einer Meinung. Wir standen in der Küche und die Argumente flogen nur so hin und her.

Während wir diskutierten, kam Diego zur Tür getrottet und streckte den Kopf in die Küche – hinein darf er nicht –, um zu schauen, was los ist. Schließlich kommt so etwas bei seinen Menschen nicht jeden Tag vor.

Kurz darauf verlagerte sich unsere Auseinandersetzung in den Flur und nahm an Lautstärke zu.

Während wir ganz auf unsere unterschiedlichen Standpunkte fokussiert waren, muss sich unser Hund klammheimlich zwischen uns geschlichen haben. Denn auf einmal saß er da, den Kopf gesenkt, den Rücken rund – so blickte er mit beschwichtigender Haltung zwischen uns beiden hin und her, um ja nicht den Anschein zu erwecken, er wolle sich hier irgendwie einmischen.

Doch seine Botschaft war eindeutig: „Leute, könntet ihr euch wieder beruhigen? Zwei Alpha-Tiere sind eines zu viel. Das tut unserem Rudel nicht gut."

Ich konnte gar nicht anders als zu schmunzeln angesichts dieser ausgefeilten Deeskalationsstrategie. Bei mir hatte seine Intervention auf jeden Fall Erfolg. Der Blickwinkel meines Hundes ließ das Streitthema in den Hintergrund treten. Auf einmal bekam die Beziehungsebene für mich wieder die Oberhand und meine Streitlust verpuffte.

Zu uns Menschen sagt Jesus: „Glücklich sind, die auf Frieden bedacht sind, denn sie werden die ganze Erde besitzen. … Glücklich sind, die Frieden stiften, denn Gott wird sie seine Kinder nennen" (Matthäus 5,5.9).

Gottes Reich ist ohne Frieden nicht denkbar. Es scheint, dass wir Zweibeiner in dieser Hinsicht den größten Nachhilfebedarf haben. Schließlich sind wir es, die Kriege bis zur Vernichtung führen und Gewalt zum Exzess eskalieren lassen. Im Tierreich dagegen werden Konflikte unter normalen Umständen stets durch Körpersprache entschärft, bevor sich die Kontrahenten lebensbedrohliche Verletzungen beigebracht haben.

Man möchte meinen, dass wir Menschen mit all unserem Verstand doch bereitwillig den Frieden wählen müssten. Warum also kämpfen wir oft so *verbissen* gegeneinander? Anscheinend fehlt uns etwas Entscheidendes: die innere Erkenntnis, dass das Glück nur im Frieden zu finden ist und nicht im kurzen Rausch des Sieges.

Diego und das Wörtchen „so“

Es gab eine Zeit, da ist Diego jedes Mal aufgesprungen, wenn ich *so* gesagt habe, was mich zunächst ziemlich irritierte. Schließlich war das doch eher eine Art Selbstgespräch mit mir und kein Kommando an meinen Vierbeiner.

Bis mir eines Tages meine erwachsene Tochter erklärte: „Weißt du, Mama, früher hab ich mich auch automatisch angespannt, wenn dieses *So* von dir kam, weil man dann ganz genau wusste, jetzt erwartest du, dass wir irgendetwas machen: in der Küche helfen, aufräumen – irgendetwas Unangenehmes.“

Worte haben Kraft, das lehrt uns auch die Bibel und fordert uns auf, unsere Worte sorgsam zu wählen. Aber nicht nur die Worte selbst sind es, die die *Macht* haben, eine Situation von einem Augenblick auf den anderen völlig zu verändern, auch der Tonfall, unsere Körperhaltung und das Anspannungsniveau, mit dem wir etwas sagen, beeinflusst unser Umfeld.

Wenn wir das Gefühl bekommen, unsere Mitmenschen reagieren gerade irgendwie komisch, sollten wir einmal in unseren Körper hineinhorchen, ob diese angespannte Atmosphäre nicht vielleicht von uns ausgeht. Möglicherweise haben wir unserer Umwelt gerade wortlos ein *Kommando* gegeben, dass sich nun unausgesprochen aber doch machtvoll um uns herum ausbreitet.

Das Wörtchen *so* habe ich mir (und Diego) inzwischen abtrainiert. Und wenn ich angespannt bin, atme ich erst einmal tief durch, bevor ich meinem Hund ein Kommando gebe.

„Es heißt doch in der Heiligen Schrift: ,Wer sich am Leben freuen und gute Tage erleben will, der achte auf das, was er sagt'" (1.Petrus 3,10; Hfa).

Geteiltes Leid

Heute fällt es mir schwer loszulaufen. Nach einem Wochenende voller Schulungen spüre ich das viele Stehen schmerzhaft in meinen Knochen. Aber ich möchte raus und mit Diego den Wald genießen. Und es ist ein herrlicher Sommertag, der geradezu danach schreit, etwas zu unternehmen.

Also laufe ich los.

Ich kenne diesen Schmerz schon. Ich weiß, dass es mir nach dem Spaziergang besser gehen wird. Vielleicht nicht gleich, aber spätestens am Tag danach werden sich die verspannten Muskeln gelöst haben und die Schmerzen werden weg sein.

Nur der Anfang ist schwer. Es gilt, durch diesen Schmerz *hindurchzugehen* – nicht verkrampft oder verbissen, aber entschlossen und mit Liebe zum eigenen Körper.

Die erste halbe Stunde quäle ich mich den Berg hoch. Diego trottet neben mir her und deutet bei jeder Wegkreuzung an, dass auch er nichts dagegen hätte, den schnellsten Weg zum Frühstück zu nehmen. Es scheint, dass auch er irgendwie *leidet*, wenn auch aus anderen Gründen.

Und so kämpfen wir uns beide voran, bis wir unseren toten

Punkt überwunden haben, bis es mit einem Mal leichter wird und der Spaziergang anfängt, Spaß zu machen.

Was für den Körper gilt, trifft auch auf unsere Seele zu. Manchmal müssen wir durch einen Schmerz *hindurchgehen*. Wir können ihm nicht ausweichen oder ihn einfach *wegmachen*, auch wenn es uns verlockender erscheint, als das auszuhalten, was gerade so ist, wie es ist.

Doch mit jedem Schritt, mit dem wir liebevoll anschauen, was da gerade so wehtut, und uns gut um uns selbst kümmern, wird der Lebensweg wieder etwas leichter.

Und auch hier tut es gut zu wissen, dass einer neben uns hergeht und den Schmerz mit uns aushält und teilt – Jesus, Immanuel, der Gott mit uns. Und wenn an irgendeinem Punkt des Lebens der Schmerz zu groß und unerträglich wird, dürfen wir wissen, dass er an unserer statt den schwersten Weg bereits bis ans Ende gegangen ist. Auch das macht unseren Weg leichter und heller.

„Fürwahr, er trug unsre Krankheit und lud auf sich unsre Schmerzen. … durch seine Wunden sind wir geheilt. … Weil seine Seele sich abgemüht hat, wird er das Licht schauen und die Fülle haben. Durch seine Erkenntnis wird er, mein Knecht, der Gerechte, den Vielen Gerechtigkeit schaffen; denn er trägt ihre Sünden" (Jesaja 53,4-5.11; LÜ 2017).

Einfach typisch!

Ist Ihnen mal aufgefallen, wie unterschiedlich (und irgendwie liebenswert, aber auch hin und wieder unmöglich) Hund-Mensch-Teams sind?

Da gibt es den jungenhaft unbeholfen wirkenden älteren Herrn mit seinem mittelgroßen Mischlingshund, welchem er immer die volle Länge der Flexleine gewährt, sodass der Vierbeiner quer über Geh- und Radwege läuft – komme, was da wolle –, während Herrchen brav hinterhertrottet.

Da ist die hochgewachsene Jägerin, deren Rassehund mit strikter Miene an jeder Promenadenmischung vorbeigeführt wird, als könne er sich alleine durch Blickkontakt einen Schnupfen holen.

Da ist der füllige Herr, der seinen Chihuahua am liebsten auf dem Arm trägt, als wäre der Hund ein Täschchen von Chanel.

Da gibt es die gestresste Mutter mit Kinderwagen, rollerndem Kleinkind und quirligem Familienhund, die auf dem morgendlichen Spaziergang trotzdem noch irgendwie ihr Smartphone jongliert.

Da ist das Mischlingshundegespann aus einem kleinen und einem großen Schwarzen, die – egal, mit welchem Menschen sie gerade unterwegs sind – dafür sorgen, dass man ihr Kommen noch drei Straßen weiter vernimmt.

Da ist der immer freundliche Mann mit dem Beagle, bei dem man sich fragt, wer hier gechillter ist: Hund oder Herr.

Da ist die zierliche Frau am Ende einer Leine, die von einem 35 Kilo schweren Koloss geführt wird.

Da ist die junge Familie, deren Hund geschmust, gedrückt und gekuschelt wird, dass einem schon beim Zusehen schwindelig wird.

Und da sind mittendrin auch wir beide – Diego und ich – mit unseren ganz individuellen Macken und Liebenswürdigkeiten, die Sie vermutlich beim Lesen dieses Buches nur zu genau entdecken werden.

Hund-Mensch-Teams – jedes einzigartig, jedes manchmal völlig daneben und manchmal einfach nur ein Dreamteam.

Leider neigen wir Menschen dazu, die Hund-Mensch-Kombinationen, die uns entgegenkommen, vorschnell zu bewerten: weil sie anders sind als wir selbst, oder weil sie andere Trainingsmethoden, andere Führungsstile oder andere Leckerli-Rituale besitzen. Ist es gut, den Hund hochzunehmen? Darf man sich beim Hundespaziergang vom Handy ablenken lassen? Sollte der Hund nicht deutlich mehr (oder weniger) Freiheit an der Leine haben? Und dieses Gebell – müsste man das nicht in den Griff kriegen?

Bei allen berechtigten Überlegungen dazu, was gut für Mensch und Hund ist, täte uns vielleicht auch unter Hundebesitzern gut, wozu Paulus uns im Miteinander mit anderen ermahnt: „Nehmt einander an, so wie Christus euch angenommen hat. Auf diese Weise wird Gott geehrt" (Römer 15,7; Hfa).

Könnte es nicht sein, dass Gott Freude an unserer Unterschiedlichkeit hat, weil genau das die bunten Farben seiner Schöpferkraft widerspiegelt? Vielleicht gibt es sie eben auch unter Hundebesitzern und Hunden: die Choleriker (die Dynamischen, die stets auf einer Mission unterwegs sind), die Sanguiniker (die immer Fröhlichen, die zusammen mit ihrem Vierbeiner einfach nur die Welt bereichern wollen), die Phlegmatiker (die auf liebenswürdige Weise stets Ausgeglichenen, die im Zweifelsfall dem Vierbeiner die Führung überlassen) und die Melancholiker (die ihren Hund vielleicht ein wenig zu perfekt haben wollen, andererseits aber auch zuverlässig seine Häufchen aufsammeln). Gott liebt sie alle! Und wir können voneinander lernen und unserem eigenen Hund-Mensch-Miteinander mehr Farbe geben.

Katze geht gar nicht

Wir sitzen im Wartezimmer unserer Tierärztin. Diego findet das nicht toll, lässt sich dennoch ins Platz schicken und entspannt sich ein wenig.

Als aber die Dame mit der Transportbox hereinkommt, aus der ein klägliches „Miau … miau" zu hören ist, ändert sich das schlagartig. Diego springt auf, zerrt nach vorne und lässt sich kaum bändigen. (Es braucht wirklich wenig, um einen Hundehalter zu blamieren.)

Ein paar Wochen später sind wir wieder in der Praxis, neben uns eine leere Transportbox. Wirklich leer! Keine Katze weit und breit. Kein Miau. Und was macht mein Diego? Er zerrt mit derselben aufgeregten Haltung zur leeren Box hin. *Dummer Hund*, denke ich und suche mir entnervt einen anderen Platz – hundertprozentig katzenfrei. Denn: Katze geht gar nicht.

Ich habe so meine Deutung, was Diego gegen Katzen hat; schließlich hat er schon einmal von einer eins auf die Nase bekommen und hatte danach einen netten blutigen Kratzer auf seinem Riechorgan. Also ist es wohl Angst, denke ich mir.

Meine Deutung hält bis zu dem Tag, an dem meine Hundetrainerin Gitte Diego in Gegenwart einer Katze beobachtet. Als ich meine, er habe wohl Angst vor Katzen, antwortet sie trocken, aber zutreffend: „Danach sah das gerade aber nicht aus."

Und wenn ich genau hinschaue, muss ich ihr Recht geben, Angst ist das nicht – eher so ein: „He, dich verspeise ich doch zum Frühstück!"

Viel klüger als mein Hund bin ich wohl auch nicht, was eine realitätsnahe, angemessene Beurteilung der Lage angeht. Oder vielleicht bin ich auch ein typischer Hundefreund, der die Macken seines Vierbeiners gerne ein klein wenig schönredet. Wer will schließlich schon einen aggressiven Hund sein Eigen nennen.

Aggression klingt in unseren Ohren falsch, und vielleicht haben wir dabei auch gleich die passenden Bibelstellen im Kopf, die uns lehren, dass Zorn und unbedachtes Handeln Sünde oder zumindest eine große Dummheit sind. So ermahnt der Prediger: „Werde nicht schnell zornig, denn nur ein Dummkopf braust leicht auf" (7,9; Hfa). Und das stimmt ja auch: Wenn wir aus Gereiztheit oder Zorn wütend aufbrausen, kommt selten etwas Gutes dabei heraus.

Aber Aggression ist eigentlich nur ein Gefühl, das uns sagen will, dass gerade eine Grenze verletzt wurde; oder dass jemand etwas tut oder sagt, das ich nicht gutheiße und wogegen ich Widerstand leisten möchte. So leitet sich unser Wort Aggression von einem lateinischen Verb ab, das so viel bedeutet wie „gegen etwas angehen." Und das allein muss noch nicht falsch sein.

Wo Unrecht geschieht, wo Grenzen verletzt werden, ist es wichtig, dass wir Aggressionen empfinden – so wie Jesus, als der Tempel, das Haus seines Vaters, als Markhalle missbraucht wurde (vgl. Johannes 2,13-17).

Es geht also weniger um das Gefühl der Wut als solches, sondern um die Art und Weise, wie wir mit ihr umgehen: Handeln wir schnell und unbesonnen, sobald Zorn in uns aufkeimt? Oder pflegen wir ihn gar, sodass er zu einem lodernden Vulkan in uns wird, der nur darauf wartet auszubrechen?

Aggression, Wut und Zorn sind Gefühle, mit denen wir gesund umgehen müssen, dann können sie dem Leben dienen, statt blind zu zerstören. Wenn wir keinen guten Umgang mit unserer Wut finden, wird es uns so gehen wie meinem Diego, für den offenbar jede Katze ein Feindbild geworden ist, das ihn sofort ausrasten lässt. Und dann rennen wir uns an den Gittern leerer Katzenboxen den Kopf ein – wie ein waschechter Dummkopf!

Bedingungslos

S tellen Sie sich vor, Sie hängen über einem Abgrund, krallen sich mit den Fingerspitzen irgendwie an etwas Undefinierbarem fest und das einzige, was Sie hält, ist jemand, der zu Ihnen sagt: „Bleib ruhig, ich bring dich sicher hier runter." Hätten Sie Vertrauen in diese Worte?

Es war ein wunderschöner Tag in der Sächsischen Schweiz. Wir waren auf dem Weg zu einem Aussichtspunkt mitten im Elbsandsteingebirge. Am Morgen hatte ich mich mit einer Wanderin unterhalten und gefragt, ob der Weg zu diesem Aussichtspunkt auch mit einem Hund zu gehen sei. Sie meinte, es gäbe zwar ein paar Treppen und ein, zwei ganz kurze Leitern, aber da wir ohnehin vorhätten, abwechselnd mit Diego unterhalb des Aussichtspunktes aufeinander zu warten, sollte es ihrer Meinung nach kein Problem sein.

Sollte …

Der Weg, den wir hinaufgingen, war steil und an einer Stelle mussten wir unseren Vierbeiner tatsächlich eine kurze Leiter hinaufheben. Doch ansonsten meisterte er die Strecke ohne Schwierigkeiten. Leider war dieser Weg für den Abstieg gesperrt, da er an einer Stelle zu schmal für *Gegenverkehr* war.

Also mussten wir bergab einen anderen Weg wählen. Davon gab es zwei: einen Gratweg, von dem andere Wanderer uns abrieten, und einen, der laut Wanderführer im Internet zur Kategorie *leicht* gehörte.

Während mein Mann und meine Tochter sich auf den Gratweg begaben, nahmen mein Sohn und ich mit Diego den *leichten* Weg. Ja, und dann standen wir vor der ersten Leiter – etwa einen Meter fünfzig tief. Mit einer zusammengeknoteten Jacke und seinem Geschirr seilten wir unseren sichtlich gestressten Hund ab. Soweit noch alles okay.

Doch ein paar Meter weiter standen wir unvermittelt vor einer gut drei Meter langen Leiter, die etwa vierzig Zentimeter breit war und rechts und links ein kleines Geländer besaß – so wie die Leitern auf einer Kinderrutsche.

Abseilen ging hier nicht mehr. Mein Sohn meinte, bevor seinem Hund was passierte, würde er lieber die Bergwacht anrufen und sagen, dass hier ein paar Menschen so idiotisch gewesen wären, einen Hund mit auf den Berg zu nehmen, der nun gerettet werden müsste.

Angesichts der Vorstellung, einen zappelnden Hund diese Leiter hinunterzutragen war ich kurz davor, ihm zuzustimmen. Doch dann wurde mir bewusst, dass Diego sich mir bisher in kritischen Situationen immer zu 100 Prozent anvertraut und super mitgemacht hatte – ob bei einer unangenehmen Behandlung beim Tierarzt, wo er sich von mir halten und beruhigen ließ, oder im Angesicht zähnefletschender Hunde, wo es drauf ankam, dass er nicht auch noch mitmischte.

Also stellte ich mich auf die Leiter, hakte mich mit dem Ellenbogen im Geländer ein, rief meinen Diego zu mir und packte ihn mit der einen Hand am Geschirr und mit der anderen um seinen Hinterleib. Einen kurzen Moment zappelte er und wollte zurück auf den sicheren Boden. Doch dann klopfte ich mit der eingehakten Hand auf die Sprosse vor meiner Nase. Diego begriff sofort und legte seine Vorderpfoten auf die Sprosse.

Nun hatten wir Halt und unser Gewicht war nah an der Leiter. Sprosse für Sprosse stieg ich mit Diego hinunter und lobte ihn jedes Mal, wenn er seine Pfoten auf die nächsttiefere Sprosse stellte. Es war echte Teamarbeit, bei der Diego zwar unruhig aber doch auch hochkonzentriert seinen Teil beitrug. Ohne seine Mithilfe und sein bedingungsloses Vertrauen hätte ich es nicht geschafft.

Natürlich war ihm für diese Meisterleistung eine dicke Belohnung sicher.

Als ich später über die Situation nachdachte, kam mir der Gedanke, dass es nicht nur mein Hund war, der Vertrauen in mich gehabt hatte, auch ich hatte ihm zugetraut, dass er in dieser Situation teamfähig sein würde. Ich konnte auf die Beziehung bauen, die zwischen uns gewachsen war.

Wenn wir über Glauben nachdenken, sprechen wir häufig davon, wie wichtig es ist, dass wir Gott bedingungslos vertrauen. Und das ist durchaus richtig, denn Glauben heißt letztlich, Gott über dem Abgrund bedingungslos zu vertrauen. Aber ist uns auch bewusst, wie viel Vertrauen Gott in uns und unsere grundsätzliche *Teamfähigkeit* setzt?

Natürlich könnte man sagen, dass es – wie bei Diego – die Not ist, die uns sozusagen Gott in die Arme treibt. Aber stimmt das denn? Ist es nicht vielmehr dieses unsichtbare, aber doch äußerst reißfeste Beziehungsband, das Gott in unser Menschsein hineingewoben hat – wir Christen nennen es unsere *Ebenbildlichkeit*? Ist es nicht diese eingebaute *Teamfähigkeit*, die uns letztlich vertrauen lässt? So, wie Gott selbst in sich ein Team aus Vater, Sohn und Heiligem Geist bildet, in dem zu 100 Prozent Vertrauen herrscht, schlummert auch in uns die Sehnsucht nach Beziehung, Vertrautheit und Vertrauenswürdigkeit.

Als Gott uns schuf, hat er sein Bild wie einen kostbaren Schatz tief in unser Innerstes hineingelegt. Er besitzt die unerschütterliche Zuversicht, dass wir dieses Bild in der größten Not wiedererkennen können und wissen werden, wer das ist, der da zu uns sagt: „Bleib ruhig, ich bring dich sicher nach Hause." Wir sind dazu geschaffen, unserem Vater im Himmel zu vertrauen.

„Dann sagte Gott: ‚Jetzt wollen wir den Menschen machen, unser Ebenbild, das uns ähnlich ist …‘ So schuf Gott den Menschen als sein Abbild, ja, als Gottes Ebenbild" (1.Mose 1,26-27; Hfa).

Nur der blaue Himmel obendrüber

Wenn ich mit dem Fahrrad zum Gottesdienst fahre, führt mich mein Weg entlang einiger Pferdeställe und Gartengrundstücke. In der vergangenen Nacht hatte offenbar auf einem dieser Grundstücke eine Gruppe Kinder übernachtet. Nun wurden sie von ihren Mamas und Papas wieder abgeholt.

Im Vorbeifahren begegnete mir eine Mutter, die – beladen mit Schlafsack und Isomatte – in raschem Tempo zum Auto voraneilte, während ihre Tochter versuchte, schrittzuhalten und ihrer Mutter von den Abenteuern der vergangenen Nacht zu erzählen.

Einen Halbsatz des kleinen Mädchens schnappte ich auf: „… und nur der blaue Himmel obendrüber." Bei diesen Worten wanderte der Blick des Kindes hoch zum Himmel, so als könne sie dort immer noch die funkelnden Sterne erblicken.

Ich konnte die Faszination des Mädchens gut nachvollziehen. Vor vielen Jahren hatte ich auf einer griechischen Insel fernab aller Zivilisation unter freiem Himmel übernachtet. Und noch heute packt mich ein wohliges Gefühl von Ehrfurcht und Geborgenheit zugleich, wenn ich an diese Nächte unterm Sternenzelt zurückdenke. Es gibt wohl nichts, was uns mehr mit unserer Endlichkeit in Berührung bringt und doch zugleich auch die Verheißung in sich trägt, dass über uns noch etwas Größeres wacht, als dieses tiefschwarze Firmament mit den Milliarden funkelnder Lichter.

Die eilige Mutter sah weder den verzauberten Blick ihrer Tochter noch schien sie das Staunen in der Stimme des kleinen Mädchens wahrgenommen zu haben. Mama war innerlich offenbar schon bei den Terminen des Tages. *Wie schade,* dachte ich, *dass sie diesen kostbaren Moment im Leben ihrer Tochter so wenig teilen kann.*

Es scheint ein Privileg von Kindern und Tieren zu sein, die Welt mit wachen Sinnen aufzunehmen, etwas, das uns gesetzteren Menschen irgendwo auf dem Weg zum Erwachsenwerden verlorengeht, als würde sich unser Hirn vom Rest des Körpers lösen und nur noch im Denken und Planen leben. Beim Zusammensein mit unseren Vierbeinern können wir diese Dimension der Sinnlichkeit zurückgewinnen.

Wenn ich mit Diego zum Spaziergang aufbreche, fragt er sich nicht schon beim Losgehen, welchem Artgenossen er in der nächsten Stunde begegnen wird. Er sorgt sich nicht, ob ihm heute wohl wieder der nervige kleine Charly über den Weg laufen wird, der jedes Mal so aufgeregt an der Leine tanzt, dass man ihm als gestandenem *Mittvierziger* erst einmal Manieren beibringen möchte. Diego macht sich auch keine Gedanken darüber, wie er sich am besten auf das Meeting mit dem übelgelaun-

ten Bullterrier Zorro vorbereiten kann, der jedem seiner Zeitgenossen durch Knurren und Zähnefletschen zu verstehen gibt,
dass man ihm besser aus dem Weg geht. Nein, solche Gedanken
kämen nur uns Zweibeinern in den (verkopften) Sinn.

Wenn morgens die Tür aufgeht, sind die Sinnesorgane meines Hundes hellwach, um die ganze Polyphonie des Lebens aufzunehmen: die Nase in den Wind gestellt, die Ohren aufmerksam hierhin und dorthin gedreht, Pfoten und Fell registrieren
Temperatur und Feuchtigkeit. Und selbst die bei Hunden eher
schwach entwickelten Augen leisten ihren Teil im Konzert der
Sinne.

Mit Diego habe ich wieder neu gelernt, die Welt um mich
herum wahrzunehmen. Wenn ich ihn beobachte, reduziert sich
meine Perspektive freiwillig auf das, was sich meinen Sinnen
gerade bietet: der Geruch eines feuchten Herbstmorgens, das
Geräusch eines Vogels, der aus dem Gebüsch hochschreckt, das
Lachen eines Menschen auf der anderen Seite des Feldes, die
Sonne, die uns blinzeln lässt und uns *den Pelz wärmt* … Und
so komme ich über meinen vierbeinigen Freund wieder neu ins
Staunen über all das Wunderbare, das mich umgibt.

Termine des Tages, To-do-Listen, Probleme, die es zu lösen
gilt – all das, was das Hirn sonst überlastet, darf einen Hundespaziergang lang zurückstehen und bekommt gerade dadurch
wieder seinen angemessenen Platz in meinem Leben, eben nicht
an erster Stelle, nicht immer präsent, sondern nur zu seiner
Zeit, an seinem Ort und in seinem diesen Dingen angemessenen Rahmen. Darüber, darunter, davor und dahinter breitet sich

etwas viel Größeres aus – Gottes großartige Welt, die es mit allen Sinnen zu erfahren gilt. Ich möchte mich einlassen und dankbar staunen können, wie dieses kleine Mädchen, und für einen faszinierenden Augenblick nichts anderes wahrnehmen als *nur den blauen Himmel obendrüber.*

„Der Himmel verkündet Gottes Hoheit und Macht,
das Firmament bezeugt seine großen Schöpfungstaten.
Ein Tag erzählt dem nächsten davon,
und eine Nacht sagt es der anderen weiter.
Dies alles geschieht ohne Worte,
ohne einen vernehmlichen Laut.
Doch auf der ganzen Erde hört man diese Botschaft,
sie erreicht noch die fernsten Länder.“

(Psalm 19,2-5; Hfa)

Jagdlust

Ich war mit Diego auf den Feldern in der Rheinebene unterwegs, neben uns ein Bachlauf, umsäumt von Büschen. Diego trottete etwa 20 Meter voraus, während ich die klare Winterluft genoss. Es gab kein Vorzeichen im Verhalten meines Hundes: keine gereckte, Witterung aufnehmende Nase, keine Körperspannung, nichts. Plötzlich brach direkt vor Diego ein Reh aus dem Unterholz und rannte aufs freie Feld, Sekundenbruchteile später ein zweites, ein drittes – am Ende waren es fünf. Und das war längst nicht alles, denn zwei weitere Rehe hatten Diego wohl ebenfalls entdeckt und waren auf der anderen Seite des Baches geblieben.

Natürlich rannte Diego den Fünfen hinterher. Diese Jagdparade war einfach zu viel für einen Hund. Es war einer dieser Momente, in denen man als Hundehalter die Luft anhält und denkt: *Oh, Sch …! Jetzt ist er weg.*

Eine Schrecksekunde später pfiff ich nach meinem Hund und rief seinen Namen so laut und ruhig ich nur konnte. Ein kurzes Zögern in seiner Laufbewegung. Noch ein Pfiff – und jetzt stoppte mein braver Freund und schaute zu mir zurück. Ich wusste, jetzt hab ich ihn, und klopfte frenetisch gegen mein

Hosenbein, was für Diego stets die Verheißung auf eine dicke Belohnung bedeutet. Noch einmal warf er den Rehen einen Blick hinterher, dann rannte er mit demselben Tempo, mit dem er gerade noch die Rehe verfolgt hatte, auf mich und die Hand mit der *sicheren Beute* zu.

Nun war *meine* Jagdlust geweckt. Die fünf Rehe warteten in relativ geringer Entfernung von uns *Jägern* auf ihre zurückgebliebenen Gruppenmitglieder. Ich ließ Diego abliegen, machte mich selbst klein und zog meine Kamera heraus. Und dann warteten wir … Es dauerte sicher fünf Minuten, bis die letzten Rehe der Gruppe nachfolgten und alle gemeinsam in einem Bogen an uns vorbei auf eine Baumgruppe zuliefen.

Ich bin mir nicht sicher, worauf ich am Ende stolzer war: auf meine Ausbeute an Schnappschüssen oder auf meinen Hund, der es geschafft hatte, einer Riesen-Versuchung zu widerstehen und sich dann auch noch, sozusagen mit dem Sonntagsbraten vor der Nase, ins Platz legte.

Eines aber war mir letztlich auch klar: Dass Diego seinen Jagdtrieb zugunsten des Leckerlis aufgegeben hatte, war die Folge von vielen, vielen Pfiffen und noch mehr Hosenbeinklopfen in Momenten, in denen weit und breit keine Beute in Sicht gewesen war. Und Diego wusste: „Wenn mein Frauchen so an ihr Hosenbein klopft, heißt das immer, zu hundert Prozent, dass ich belohnt werde, wenn ich wie der Blitz zu ihr laufe." An dieser Stelle war ich immer verlässlich – und das hatte seine Wirkung, als es darauf ankam.

Zu seinem Volk sagte Gott, noch bevor er die Israeliten in das verheißene Land brachte, die folgenden Worte, die im Judentum seitdem als einer der wichtigsten liturgischen Texte täglich gebetet und von Generation zu Generation weitergegeben werden:

„Hört, ihr Israeliten! Der Herr ist unser Gott, der Herr allein. Ihr sollt ihn von ganzem Herzen lieben, mit ganzer Hingabe und mit all eurer Kraft. Bewahrt die Worte im Herzen, die ich euch heute sage! Prägt sie euren Kindern ein! Redet immer und überall davon, ob ihr zu Hause oder unterwegs seid, ob ihr euch schlafen legt oder aufsteht" (5.Mose 1,4-7; Hfa).

Dahinter steht die Erkenntnis, dass es bei uns Menschen offenbar nicht anders ist als bei unseren vierbeinigen Gefährten: Was wir uns tagtäglich vor Augen halten und uns zu Herzen nehmen, wird unser Denken, Fühlen und Handeln prägen. Was wir uns in ruhigen Zeiten angewöhnt haben, wird uns in den stürmischen Tagen des Lebens Halt geben (oder eben auch nicht). Deshalb ist es so bedeutsam, womit wir uns im Alltag *belohnen* und was wir uns *antrainieren*. Denn in Stresssituationen ist es das, worauf wir zurückgreifen können: ob gut oder schlecht, wirksam oder kontraproduktiv – mehr haben wir dann (zumindest im ersten entscheidenden Moment) nicht!

Versöhnungsbereitschaft pur

Es war wohl der schlimmste Tag in unserem Hund-Mensch-Miteinander. Diego hatte sich seit einiger Zeit immer dann exzessiv mit seinem Schwanz beschäftigt, wenn einer aus unserem Familienrudel ausscherte – sprich, wenn unsere Tochter nach einem Besuch zu Hause wieder ins FSJ oder ins Studium aufbrach. Er konnte ja nicht wissen, dass sie nicht für immer weg war. Für ihn war das aber offenbar eine absolute Katastrophe. Da half auch alles Ablenken nichts.

Und so hatte sich über die Monate hinweg an seinem Schwanz eine kahle Stelle gebildet, die aber immer wieder abheilte, wenn die ersten kritischen Tage vorbei waren.

Bis zu dem Tag, an dem sich dann doch eine Entzündung bildete und im ohnehin schon geschwächten Gewebe offenbar rasant ausbreitete.

Ich war für ein paar Tage weggefahren, und als ich zurückkam, sagte mein Sohn nur: „Der Hund stinkt total. Irgendwas stimmt mit dem Schwanz nicht!"

Der Schwanz war völlig vereitert.

Und so stand ich nun mit meinem Diego und einer (zu Recht) verärgerten und angespannten Tierärztin am Behandlungstisch, während Diego eine äußerst schmerzvolle Prozedur über sich ergehen lassen musste.

Am Ende dauerte es mehrere Monate, bis der Schwanz endgültig gerettet war. Und bis heute müssen wir immer wieder aufpassen, dass unser Hund im Stress nicht an seiner Rute leckt.

Aber an jenem Tag in der Tierarztpraxis wurde mir auf leidvolle Weise klar, dass ich meinem caninen Freund etwas schuldig geblieben war: Warum hatte ich es nicht kommen sehen? Warum war ich nicht früher zur Tierärztin gegangen? Ich hatte es einfach nicht ernst genug genommen. Ich hatte nicht begriffen, dass sein vermehrter Drang, an seinem Schwanz zu lecken, diesmal kein Stress gewesen war, sondern wohl mit der einsetzenden Entzündung zusammengehangen hatte. Die Folgen meines Versagens musste nun mein vierbeiniger Gefährte ausbaden.

Ich bin froh, dass Hunde nicht nachtragend sind! Sonst wäre unsere Freundschaft nach diesem Tag wohl vorbei gewesen. Sicher, Diego wusste nicht, dass die Verantwortung für diese schmerzhaften Wochen bei mir lag. Für ihn gab es keinen direkten Zusammenhang zwischen meiner Person und seinem Leiden. Aber selbst die vielen Verbandswechsel und Salbenbehandlungen, die ja nun eindeutig von mir ausgingen und überhaupt keinen Spaß machten, hat er mir nicht übelgenommen. Er legte sich brav hin, ließ sich verarzten und nahm anschließend aufgeregt seine Belohnung in Empfang.

Auch dass er in den folgenden Monaten fast ständig einen Softkragen tragen musste, um zu verhindern, dass er sich erneut wehtat, ließ er über sich ergehen, obwohl man ihm anmerkte, dass er das Ding einfach nur blöd fand.

Ich glaube, es gibt zwei Gründe, warum Hunde selbst in derart schmerzhaften Situationen so wenig nachtragend sind: Der erste ist, dass sie spüren, wann Menschen es gut mit ihnen meinen und ihnen helfen wollen. Sie überlegen in solchen Augenblicken nicht, was wir gestern falsch gemacht haben, sondern fragen nur danach, wie wir heute mit ihnen umgehen. Der zweite Grund scheint mir darin zu liegen, dass ein Hund vor allem eines sucht, die Nähe seines Rudels – und dafür ist er bereit, alles zu geben. Ein Rudel bedeutet Schutz, Nahrung und auch so etwas wie Zugehörigkeit und Beziehung (wenn auch in einem anderen Sinn als unter uns Menschen).

Ich weiß nicht, ob es irgendeine andere Spezies auf dieser Welt gibt, die sich so viel Unversöhnlichkeit leistet wie wir Menschen. Aber es gibt ja auch keine andere Spezies, die je auf die Idee gekommen wäre, aus einer gut funktionierenden Beziehung zu dem, der sie versorgt und liebt, auszusteigen. Nur wir Menschen haben zu Gott gesagt: „Nein danke, ich komme auch ohne dich zurecht" – und sind jetzt auch noch sauer auf Gott und die Welt, wenn das nicht funktioniert.

Nur wir modernen, westlichen Menschen haben uns eine Haltung angeeignet, in der *Rudel* (Familie oder Gemeinschaft) nur noch der zeitweise und vor allem selbstgewählte Zusammenschluss von autonomen Individuen sein soll – und reagieren enttäuscht und verletzt, wenn wir darin keine bleibende Geborgenheit finden.

Vielleicht sind Hunde trotz mancher Negativerfahrungen mit ihren Menschen so wenig nachtragend, weil es ihnen gar nicht in den Sinn käme, das Leben ohne ihr Rudel zu führen. Sie sehen sich nicht als Einzelindividuen, sondern als mal mehr, mal weniger bedeutsamen Teil ihrer Rudel-Gemeinschaft. Und wenn es in einer Gemeinschaft Probleme gibt, muss man sie lösen. Da fliegen im Rudel dann auch mal die Fetzen, aber das Ziel ist stets die Wiederherstellung eines guten Miteinanders innerhalb der Rudel-Ordnung. Und wenn man mit seinen Mit-Lebewesen in Beziehung bleiben will, wäre aus Rudel-Sicht nichts hinderlicher, als jeden Tag alte Rechnungen neu auf den Tisch zu legen.

In der Bibel heißt es: „Wer über die Verfehlungen anderer hinwegsieht, gewinnt ihre Liebe; wer alte Fehler immer wieder ausgräbt, zerstört jede Freundschaft" (Sprüche 17,9; Hfa).

Danke, Diego, für deine Bereitschaft, unsere Freundschaft über meine Fehler zu stellen!

Mami, es war toll – aber jetzt reicht's

Kindergeburtstage sind etwas Herrliches, wenn man eine Gruppe von Kindern hat, die gut miteinander auskommt. Dann wird viel gelacht, gespielt und getobt und man kann sich als zuständige Eltern zurücklehnen und den *Flohzirkus* auch mal laufen lassen, ohne dass die Stimmung kippt.

Ganz ähnlich war es bei dem Spaziergang, den die Hundetrainerin Gitte Kuther und ihr Mann im Anschluss an eine Hundesegnung organisiert hatten: Gut zehn Hunde waren mit von der Partie, von denen keiner auf Krawall gebürstet war, die sich gegenseitig beschnupperten und je nach Temperament miteinander spielten oder sich eher etwas zurückhielten.

Als einige der spielenden Hunde zwischendurch etwas sehr laut und übermütig herumrannten, nahm ich meinen Hütehund ein paar Minuten an die Leine, weil er anfing, die Herumtobenden durch Bellen zu maßregeln. Und nachdem Diego verstanden hatte, dass ich sein *Bodyguard* war und nicht umgekehrt, konnte ich ihn problemlos wieder laufen lassen und mich erneut den Zweibeinern zuwenden.

Das Ziel unseres Hunderudelausflugs war eine gemütliche Café-Terrasse mit viel Platz für uns Menschen und unsere Fellnasen, mit leckerem Kuchen für die Zweibeiner und mehreren großen Wassertrögen für die Vierbeiner. Einfach herrlich – eben wie ein Kindergeburtstag mit einer gut harmonierenden Gruppe von Kindern.

Und wie bei jedem guten Kindergeburtstag kam irgendwann der Punkt, wo die *Kleinen* (von denen einer immerhin so groß war wie ein kleines Pony) anfingen, unruhig zu werden: hier Gebell, dort eine kleine Reiberei am Wassernapf und ab und zu ein leises Knurren unter dem Tisch, weil einer seine Ruhe wollte und nicht bekam. Unsere Vierbeiner hatten einen schönen, aber eben auch aufregenden Tag mit vielen Abenteuern und Begegnungen hinter sich. Nun ließen sie uns wissen: „Mami, es war ein toller Kindergeburtstag, aber jetzt bin ich müde und brauche Zeit, um runterzufahren."

Und so kam es dann auch: Nachdem wir Menschen uns verabschiedet hatten, sprang mein Diego dankbar ins Auto, ließ sich zu Hause füttern und verbrachte den Rest des Tages randvoll mit Hundeerlebnissen, müde und glücklich auf seiner Decke – ganz zur Freude seiner ebenfalls rundum zufriedenen Hunde-*Mutti*.

Ist es nicht verblüffend, dass es uns in solchen Momenten, in denen wir mit uns und unserer Umwelt im Einklang sind, meist nicht schwerfällt zu merken, was uns guttut und wann der Punkt gekommen ist, wo wir – bei allem Schönen und Aufregenden – dann auch wieder unsere Ruhe brauchen? Hunde merken das instinktiv, ohne es in Worte fassen zu können, aber ihr Körper und ihr Verhalten zeigen uns, wann es Zeit ist, zu gehen und wieder Normalität zu tanken. Vielbeschäftigte, aufgabenorientierte Zweibeiner tun sich da offenbar deutlich schwerer.

Wie oft kommt es vor, dass wir nach einem ohnehin schon vollen Tag abends noch mal schnell die privaten Mails checken, die Küche auf Vordermann bringen, mit den Kindern die Hausaufgaben durchgehen und anschließend auch noch versuchen, bei unserer Lieblingsserie im Fernsehen auf dem Laufenden zu bleiben.

So wichtig manche dieser Dinge sein mögen – wir verpassen den Zeitpunkt, an dem uns unser Körper sagt: „Mami, es war ein aufregender und anstrengender Tag und ich brauche jetzt echt mal eine Pause." Stattdessen warten wir, bis wir am Computer einen Ausraster bekommen, weil die Mails zu langsam laden, oder in der Küche der erste Teller runterfällt, weil wir gar nicht mehr bei der Sache sind. Oder bis wir in einer besonders rührseligen Szene unserer Lieblingsserie heulend vor dem Fernseher sitzen und merken: Meine Tränen haben überhaupt nichts mehr mit dem zu tun, was da auf der Mattscheibe abläuft – bei mir ist gerade einfach nur im wahrsten Sinn des Wortes *der Kanal voll*.

Wie wäre es, wenn wir uns – ob nach einem anstrengenden Büroalltag oder nach einem besonderen Tag voller Erlebnisse – zugestehen, dass unsere Seele Zeit braucht, um runterzufahren?

Dann würden wir vielleicht trotzdem noch die Küche aufräumen, weil das nicht mehr warten kann, aber wir würden nur das machen und nicht noch nebenher drei oder vier andere Aufgaben erledigen. Dann könnte das Kücheaufräumen sogar so etwas wie Erholung sein, weil es uns darauf aufmerksam macht, dass wir uns begrenzen dürfen und nicht für alle alles sein müssen – ganz so, wie die Leine meinem tierischen Bodyguard signalisiert hat: Entspann dich, das ist nicht dein Job.

Und dann würden wir uns vielleicht, statt uns dem Druck auszusetzen, alle Höhen und Tiefen unserer Serienhelden mitzuerleben, etwas Zeit auf dem Sofa nehmen, um in uns hineinzuspüren, welche Höhen und Tiefen der hinter uns liegende Tag für uns selbst bereit hielt. Wir könnten diese Erlebnisse in Ruhe verdauen, statt den Druck in uns so lange anschwellen zu lassen, bis unser innerer Damm nicht mehr zu halten ist.

Die Bibel zeigt uns an vielen Stellen, dass wir nicht dafür geschaffen sind, durchzupowern und ständig auf Sendung zu bleiben. Da ist der Ruhetag, den Gott uns mit dem Sabbatgebot ans Herz legt. Da ist Jesus, der seine Jünger auffordert, nach aufregenden Erlebnissen im Gottesreich auszuruhen:

„Die Apostel kamen wieder bei Jesus zusammen und berichteten ihm alles, was sie getan und gelehrt hatten. Da sagte Jesus zu ihnen: ‚Kommt, wir gehen an einen einsamen Ort, wo wir allein sind und wo ihr euch ein wenig ausruhen könnt.‘ Denn es war ein ständiges Kommen und Gehen, sodass sie nicht einmal Zeit zum Essen fanden" (Markus 6,30-31; NGÜ).

Lernen wir doch von Jesus! Oder auch von unseren Vierbeinern, die offenbar intuitiv wissen, dass jeder anstrengende *Kindergeburtstag* auch seine Zeit *im Körbchen* braucht, damit wir innerlich und äußerlich wieder ins Gleichgewicht kommen.

Bettgeflüster

D ie Mayo Klinik im amerikanischen Bundesstaat Arizona hat es herausgefunden: Wer mit seinem Hund im selben Raum (nicht im selben Bett!) schläft, ist morgens ausgeruhter.[2] Auch wenn Allergologen vor zu viel Tierhaaren im Schlafzimmer warnen, auf den Schlaf wirkt es sich offenbar beruhigend aus, wenn wir unsere vierbeinigen Freunde in unserer Nähe haben.

Eigentlich kein Wunder. Sagte nicht schon Gott, dass es nicht gut sei, wenn der Mensch allein ist? Und bot er ihm nicht zunächst die Tiere als Gefährten an? Offenbar brauchen auch wir Zweibeiner ein Rudel, in dem wir uns sicher und geborgen fühlen. Und so wundert es auch nicht, dass viele Alleinlebende ein Haustier haben.

Bei uns zu Hause darf der Hund nicht mit ins Schlafzimmer – aus Rücksicht auf meinen Mann, der nun mal kein Fan von caninen Fellnasen ist. Deshalb würde mich eine ganz andere Studie interessieren: Wie viel besser schlafen wir Menschen eigentlich, wenn unser Ehepartner bei uns ist?

Was mich angeht, so kann ich ein eindeutiges Ergebnis feststellen: Wenn mein Mann neben mir liegt, schlafe ich in der

Regel deutlich ungestörter – und das, obwohl er wegen einer Schlafapnoe mit Maske schläft. Offenbar wirkt seine Anwesenheit beruhigend auf mich.

Das ist aber auch kein Wunder, denn nachdem Adam bei den Tieren seine Eva nicht fand, gab Gott ihm schließlich eine Gefährtin, die ihm gleich war: Der Mann (hebräisch „isch") und seine Frau (hebräisch „ischa") wurden die ideale Ergänzung füreinander. Die Begeisterung bei Adam war groß – auch wenn ihn, wie bei jeder guten Ehe, schließlich die Realität einholte, dass selbst zwischen absolut idealen Partnern nicht alles glatt läuft.

Aber mal ehrlich, Hundefreunde: Hätte Adam sich noch vor der Erschaffung Evas einen Hund als Gefährten ausgesucht – es wäre auch nicht alles eitel Sonnenschein geblieben. Schon allein, weil Hunde Äpfel lieben und der Versuchung der Schlange sicher ebenso wenig widerstanden hätten wie die gute Eva.

Doch egal, ob menschlicher oder tierischer Begleiter, es gilt offenbar trotz all der Unzulänglichkeiten unserer Gefährten immer noch, was Gott über uns gesagt hat: „Es ist nicht gut, dass der Mensch allein ist" (1.Mose 2,18; Hfa).

Der große Blonde ohne schwarzen Schuh

Sonntagnachmittag auf einem leeren Parkplatz vor einem Einkaufszentrum irgendwo in Deutschland. Eine Gruppe Menschen steht erst vor der Eingangstür eines der Geschäfte, bewegt sich dann langsam über die Parkfläche und reiht sich schließlich scheinbar ziellos an der Wand eines anderen Geschäftes auf.

Ich beobachte das auffällige Treiben von der gegenüberliegenden Straßenseite, wo ich es mir – staubedingt – mit einem Becher Kaffee mehr oder weniger gemütlich gemacht habe.

Wer sind diese merkwürdigen Gestalten? Was wollen sie?

Automatisch rattert mein Gehirn die *üblichen Verdächtigen* durch. Jugendliche, die an einem langweiligen Sonntag nichts mit sich anzufangen wissen? Nein, zu alt, falsche Kleidung, unstimmige Körperhaltung.

Vielleicht ein Treffpunkt von Drogensüchtigen? Kann auch nicht sein: zu auffällig, zu öffentlich.

Reisende aus Osteuropa? Dazu fehlt der Reisebus oder Kleintransporter, mit dem sie unterwegs sein könnten. Und Geflüchtete aus Krisengebieten, die mal etwas anderes sehen wollen als ihre Container, können es auch nicht sein, denn diese Leute dort sind eindeutig zu hellhäutig.

Während mein Verstand sich noch über die Unstimmigkeiten zwischen meiner Wahrnehmung und meiner Erwartung wundert, tauchen auf einmal zwei weitere Gestalten auf, durch die sich alles klärt: Eine Frau mit einem großen, sandfarbenen Hund an der Schleppleine, der unruhig umherläuft und sich immer wieder schüttelt, um seine Anspannung loszuwerden.

Aha, Hundetraining, denke ich. Der *große Blonde* hat offenbar ein Problem mit Menschen und soll nun lernen, ruhig an einer Menschengruppe vorbeizugehen.

Unwillkürlich entspannt sich in mir etwas, jetzt, wo ich die Szene einordnen kann.

Doch warum hält der eine Mensch, den ich spontan als Hundetrainer identifiziert habe, jetzt offenbar der langen Reihe von Gestalten einen noch längeren Vortrag, statt endlich das Training mit der Besitzerin des Hundes zu beginnen, die immer wieder Mühe hat, ihren nach vorne ziehenden Vierbeiner zurückzuhalten?

Fasziniert beobachte ich weiter die Szene, während ich mir beinahe den Kaffee über meine Jacke kippe.

Nach einem minutenlangen Vortrag an die Reihe Menschen, die an der Wand lehnt, wendet sich der Hundetrainer wieder der Frau mit dem Vierbeiner zu. Weitere Minuten folgen, in denen der große Blonde immer wieder nach vorne prescht und sein Frauchen beinahe mit sich reißt, um dann wieder mit

Mühe zurück in die Ausgangsposition gezogen zu werden, sich kräftig zu schütteln und schließlich neben seiner Besitzerin Sitz zu machen.

Dann endlich kommt der Moment, in dem er erlöst wird: Schnuppernd und ziehend läuft er die Reihe Menschen ab, läuft weiter zu einer etwas abseits stehenden Person, die ihn nach kurzem Schnuppern aber auch nicht sonderlich zu interessieren scheint …

Wieder gerät mein Weltbild ins Wanken. Ein Problem mit Menschen hat der große Blonde nicht, sonst hätte er sie zerfetzt und Frauchen hätte ihn sicher nicht halten können.

Während ich noch grüble, zieht der Vierbeiner seine Besitzerin über den verbleibenden Parkplatz in eine etwas einsamere Ecke und stöbert dort eine weitere Gestalt auf, die mir bisher noch gar nicht aufgefallen war: lautes Anschlagen, große Begeisterung bei Frauchen, Trainer und der aufgestöberten Person. Eine Tüte mit Leckerlis wird ausgetauscht und der große Blonde für seine Zererei an der Leine belohnt.

Nun endlich dämmert mir, was hier vor sich geht: Mantrailing – das Aufspüren vermisster Personen. Der große Blonde ist kein Rüpel, sondern ein Fachmann in spe und wird gerade auf eine sehr wichtige Aufgabe vorbereitet. Und die vielen Gestalten um ihn herum sind seine Trainingspartner.

Mein Kaffee ist kalt geworden, der Stau hat sich aufgelöst und ich mache mich wieder auf den Weg, während auch die Gruppe mit dem großen Blonden den Parkplatz auf der anderen Seite verlässt.

Auf meiner ereignislosen Weiterfahrt muss ich darüber nachdenken, wie sehr wir Menschen doch nach Erklärungen suchen und wie stark wir dazu neigen, Umstände, die uns fremd sind, einordnen zu wollen. Und dabei probieren wir gerne auch unsere bewährten Schubladen aus in der Hoffnung, das Unverständliche irgendwie in den Griff zu bekommen.

So suchte mein Gehirn erst einmal nach *den üblichen Verdächtigen* und mutmaßte anschließend über den großen Blonden, der so aufgeregt schien, dass er ein Problem haben musste, statt meine Urteilsfindungen zurückzustellen und den befremdlichen, sich so auffällig verhaltenden Gestalten eine Chance zu geben, sich mir zu *erklären*.

Es gehört zu unseren einzigartigen Fähigkeiten als Menschen, dass unser Verstand Dinge ordnen und bewerten kann. Wir brauchen diese Qualitäten, um unserem Schöpfungsauftrag gerecht zu werden, die Erde gut und im Sinne Gottes zu verwalten. Doch diese Fähigkeit hat auch eine Schattenseite: Wir neigen dazu, Dinge vorschnell und unseren Erwartungen gemäß einzusortieren, statt genau und ergebnisoffen hinzuschauen. Und wir neigen dazu, zu verurteilen und abzuwerten, statt unser Urteilsvermögen mit Annahme und Liebe zu paaren.

Jesus ermahnt seine Jünger: „Verurteilt niemand, damit auch ihr nicht verurteilt werdet. Denn so, wie ihr über andere urteilt, werdet ihr selbst beurteilt werden, und mit dem Maß, das ihr bei anderen anlegt, werdet ihr selbst gemessen werden" (Matthäus 7,1-2; NGÜ).

Wie oft machen wir bei Menschen (oder Tieren), die uns

nicht vertraut sind, unsere Schubladen auf, suchen vorschnell nach Erklärungen für das, was uns an ihnen fremd ist, statt erst einmal wahrzunehmen und eine unvoreingenommene Begegnung zu wagen. Wie viel Mitmenschlichkeit und Bereicherung entgehen uns gerade jetzt, wo so viele Fremde in unser Land kommen, nur weil wir es nicht schaffen, über diesen Schatten unserer Vorurteile zu springen und dem Unvertrauten eine Chance zu geben, sich uns zu offenbaren.

Im Land der tausend Düfte

Heute habe ich im Garten Holz und Laub gehäckselt. Ich hatte einige Büsche und eingewilderte Pflanzen abgeschnitten und nun lag ein etwa zwei mal zwei Meter großer Haufen Grünschnitt vor mir.

Beim Häckseln fiel mir auf, wie unterschiedlich die Gehölzarten riechen. Während Hibiskus in meiner Nase einen eher unangenehmen, dumpfen Geruch besaß, verbreitete der Kirschlorbeer tatsächlich eine Note, die nach Amarenakirschen roch. Ahorn gab einen sehr frischen Duft von sich und andere Holzreste, die schon länger gelegen hatten, rochen leicht nach Moder und Pilzen.

Unwillkürlich musste ich daran denken, wie viel mehr an Gerüchen mein Diego wohl noch wahrnehmen würde: dass vor nicht allzu langer Zeit Nachbars Katze an dem Gehölzhaufen vorbeigestrichen war, dass Hibiskus ein Lieblingsplatz der Feuerkäfer ist und dass all die Gehölze, die für mich neutral rochen, noch tausend Düfte an sich haben, die meiner groben Menschennase verborgen bleiben.

Jeder Hundebesitzer weiß, was geschieht, wenn er mit seinem vierbeinigen Gefährten den Feldrand betritt. Da wird als erstes intensiv geschnuppert: Wer ist heute schon da gewesen? Wie war er oder sie drauf? Ist vielleicht gerade eine besonders aufreizende Dame unterwegs? …

Hunde kommunizieren über ihren Geruchssinn und über die Duftmarken, die sie ganz bewusst einsetzen, um anderen etwas mitzuteilen. Und sie nehmen ihre Umwelt über Gerüche wahr. Diego niest zum Beispiel jedes Mal, wenn ein Moped mit Zweitaktmotor an uns vorbeifährt. Dieser Gestank ist ihm offenbar zutiefst unangenehm. Und natürlich geht seine Nase steil in den Wind, wenn er die Witterung von Rehen oder anderen Wildtieren aufnimmt.

Wir Zweibeiner hingegen nehmen Düfte oder Gerüche meist nur dann wahr, wenn sie besonders stark – und oft auch unangenehm – sind oder aber, wenn sie für uns eine besondere Bedeutung bekommen. Der Duft von Weihnachtsplätzchen versetzt uns zurück in die Kindheit und weckt positive Erinnerungen. Menschen, die etwas Traumatisches erlebt haben, werden manchmal von einem einzelnen Geruch zurück in die schrecklichen Gefühle katapultiert, die sie während dieses Ereignisses durchleben mussten.

Während wir über die Gerüche im Alltag meist hinweggehen, erinnert sich unser Körper also durchaus und vergleicht das, was er aktuell über das Riechorgan mitbekommt, mit einem großen Katalog an Geruchserinnerungen, die irgendwo in unserem Gehirn abgespeichert sind, ganz ähnlich wie unsere Vierbeiner, nur dass sie sehr viel aufmerksamer mit diesem Geruchsabgleich umgehen.

Das bedeutet aber auch, dass wir trotz unseres vergleichsweise begrenzten Geruchssinns in der Lage wären, viel mehr zu erschnuppern, wenn wir unsere Aufmerksamkeit darauf richten würden. Vielleicht könnten wir hier von unseren Vierbeinern lernen:

Wie riecht eigentlich der neue Morgen, wenn ich die Tür aufmache?

Warum empfinde ich einen Geruch als unangenehmen Gestank und einen anderen als köstlichen Duft?

Wie duftet mein Essen, wenn ich es nicht schnell runterschlinge, sondern einmal intensiv daran rieche, bevor ich die Gabel oder den Löffel in den Mund stecke? Weckt es Erinnerungen in mir? Oder ist es ein ganz neues Esserlebnis?

Ich glaube, dass sich unsere Beziehung zu unserer Umwelt verändert, wenn wir bewusster hinschnuppern (oder hinschauen oder hinhören), um zu entdecken, was Gottes reiche Schöpfung uns mitteilen möchte.

Als sie kleiner waren, protestierten meine Kinder vehement, wenn ich die Zitronenmelisse, die sich wie ein Unkraut in unserem Garten ausbreitete, zurückschneiden wollte. Sie folgten ihrer Nase, die ihnen sagte, dass man eine so herrlich nach frischen Zitronen duftende Pflanze auf keinen Fall wegmachen dürfe. Der Geruch veränderte ihre – und damit auch meine – Beziehung zu dieser Pflanze.

Auch die Liebenden im Hohelieds wussten offenbar, dass unser sinnliches Erleben von Gerüchen und Geschmäckern ein wunderbarer Ausdruck von Lebendigkeit und Verbundenheit sein kann: „Wie glücklich macht mich deine Liebe, mein Mädchen, meine Braut! Ich genieße deine Liebe mehr als den besten Wein. Dein Duft ist bezaubernder als jedes Parfüm. Wie Honig schmecken deine Lippen, meine Braut, ja, süße Honigmilch hält deine Zunge für mich bereit! Und wie der Wald dort auf dem Libanon, so duften deine Kleider!" (Hohelied 4,10-11; Hfa).

Geruch ist Kommunikation – nicht nur bei Hunden!

Mein Hund ist analog

Manchmal würde ich mir einen digital vernetzten Hund wünschen, den man mit ein paar Wischbewegungen auf dem Display des Smartphones steuern kann – und das alles natürlich auch noch aus mehreren Kilometern Entfernung.

Ich stelle mir vor, wie ich meinem Hund per App einen Befehl erteile und egal, wo er ist, macht er Sitz, Platz, dreht sich im Kreis oder schlägt Purzelbäume – ganz wie gewünscht und programmiert. Und wenn ich mal keine Zeit für einen Spaziergang habe, werfe ich ihm einen digitalen Ball zu, der problemlos an ein Homerun in der amerikanischen Baseball-Liga herankommt. Und eh ich es mich versehe, hat mein digital gesteuerter Vierbeiner seine Runde gedreht und wirft mir hechelnd seine Trophäe vor die Füße.

Geradezu magisch ist auch die Vorstellung, mein beim Ertönen der Haustürglocke wie wild bellender Hund ließe sich mit einer kleinen Bewegung meines Smartphone-Daumens in einen lammfrommen Zeitgenossen verwandeln, der nichts lieber tut, als sich friedlich auf seine Decke plumpsen zu lassen, während ich mit meinem Besuch einen Kaffee genieße.

Aber leider: Mein Hund ist analog. Er lässt sich weder per

Smartphone programmieren, noch über eine App von unterwegs wie die Alarmanlage einer intelligenten Haussteuerung bedienen. Für den Spaziergang muss ich mich auch bei schlechtem Wetter nach draußen bemühen, und wenn ich ihm ein Kommando geben will, muss ich noch selbst pfeifen oder rufen. Und falls ich nicht will, dass er meine Kaffeegäste anpöbelt, braucht es meine körperliche Präsenz und eine Leine, um ihm deutlich zu machen, dass Besucher nicht unter die Kategorie *Kaffeestückchen für hundeartige Vierbeiner* fallen.

Wie schade aber auch, dass das digitale Zeitalter an der Gattung Canidae offenbar vorbeigegangen ist. Dabei könnte das Leben so einfach sein!

Aber vielleicht ist auch gerade das der Reiz, der uns Hundebesitzer zu glücklicheren Menschen macht: Es geht doch nichts über eine so ganz und gar analoge Stupsnase, die uns zu einem morgendlichen Spaziergang auffordert. Und wie arm wäre das Leben, wenn nicht hier und da ein keinesfalls nur virtueller Hund in Rückenlage im Weg herumliegen würde, um uns durch sein Räkeln zu ausgiebigem Kraulen zu verführen. Selbst das aufgeregte Bellen, mit dem unser Vierbeiner uns sagt, dass er diesen Ball jetzt sofort unbedingt geworfen haben möchte, hat doch eigentlich geradezu therapeutische Qualitäten.

Also vergessen wir die Hunde-App und das digitale Bellen mit eingebauter Stoppautomatik und genießen die analoge Qualitätszeit mit unserem Hund – an guten wie an schlechteren Tagen, mit und ohne nervtötende Marotten. Mal ehrlich: Unser

Hund tut das schließlich auch – er liebt (und steuert) uns zu hundert Prozent analog.

„Gott schuf alle Arten von Vieh, wilden Tieren und Kriechtieren. Wieder sah er sich alles an, und es war gut" (1.Mose 1,25; Hfa).

Diego auf der Suche nach Heimat

Wenn ich mit Diego über die Felder laufe und wir in der Ferne Menschen mit feuerroter Kleidung sehen, dann zieht es meinen Hund wie magisch zu diesen Fremden hin. Er hebt den Kopf, als würde er jemand Vertrauten erkennen und würde am liebsten zu ihnen laufen. Ähnliches passiert, wenn wir meine Tochter vom Bahnhof abholen, ich ihn auf sie aufmerksam mache und seine Leine löse. Dann läuft er voller Energie zu ihr, begrüßt sie und freut sich, dass sie endlich wieder da ist.

Aber die Menschen mit den roten Jacken oder Hosen sind für uns Fremde. Trotzdem scheinen sie in Diego Erinnerungen an etwas Vertrautes zu wecken, das er in seiner früheren Heimat, in Ungarn, zurückgelassen hat.

Als Diego zu uns kam, haben wir uns bemüht, ihm hier in Deutschland ein neues, gutes Leben zu geben. Für uns war er ein junger Hund ohne Vergangenheit im positiven Sinn. Wir haben uns selten Gedanken darüber gemacht, was Diego zurückgelassen hat, als er aus Ungarn nach Deutschland gebracht wurde – und wenn doch, dann dachten wir uns beim Anblick dieses ausgemergelten Vierbeiners, dass es wohl nichts Gutes gewesen sein konnte.

Doch Diego sieht das offenbar anders. Die Erinnerungen an jenen Menschen mit der roten Kleidung sind sehr intensiv und eindeutig positiv besetzt, das lässt sich an Diegos Verhalten unschwer erkennen. Unser Hund hat offenbar nicht nur ein neues Zuhause gewonnen, er hat auch etwas verloren, etwas für ihn Vertrautes zurückgelassen, als er sich auf die Reise nach Deutschland gemacht hat – Not und Hunger hin oder her.

Unweigerlich muss ich an die Geflüchteten denken, die zu uns kommen. Wir sehen, wie sie hier ankommen, scheinbar ohne Wurzeln und Geschichte im positiven Sinn, nur mit dem, was in ein paar Taschen passt. Wir machen uns Gedanken, wie wir sie hier in unserem Land unterbringen und versorgen können, und auch, wie viel uns das kosten könnte. Aber ist uns auch bewusst, dass jeder von ihnen ein ganzes Leben hinter sich gelassen hat – aus Not, aber doch auch mit warmen Erinnerungen und einer tiefen Sehnsucht nach dem Verlorenen? Dass die meisten lieber heute als morgen in ihre Heimat zurückkehren würden, weil da etwas ist, was sie über Raum und Zeit mit ihrer Erinnerung verbindet?

Eigentlich müssten wir das gut nachvollziehen können. Als ich vor ein paar Monaten meinem inzwischen über 80-jährigen Vater gegenüber erwähnte, dass ich im nächsten Jahr vielleicht Gelegenheit haben würde, seine alte Heimat in Schlesien zu besuchen, da leuchtete etwas in seinen Augen und ein Lächeln huschte über sein Gesicht: War es die Freude darüber, dass ich mich für seine frühere Heimat interessiere, oder waren es die Erinnerungen, die meine Erwähnung von Breslau und Oppeln in ihm auslöste – warme Erinnerungen an Kindheitstage vor den Schrecken des Krieges?

Mein Hund und sein Drang, zu Fremden mit roter Kleidung zu laufen, um etwas Verlorenes wiederzufinden, macht mir bewusst, dass Gott offenbar mehr als nur die materielle Versorgung auf dem Herzen hat, wenn er uns ermahnt, die bei uns aufzunehmen, die aus fremden Ländern zu uns kommen: Gott „hat die Fremdlinge lieb, dass er ihnen Speise und Kleider gibt. Darum sollt ihr auch die Fremdlinge lieben; denn ihr seid auch Fremdlinge gewesen" (5.Mose 10,18-19; LU).

Es geht darum, unser Herz zu öffnen für Menschen, die ihre ganz eigene Geschichte und ihre Sehnsucht nach Heimat in sich tragen – etwas, was Wohlstand und Sicherheit alleine nicht ersetzen können. Sind wir bereit, mehr in ihnen zu sehen als ein Problem, das es zu lösen gilt?

Berührungsängste

Es gibt manche Hunde auf dem Feld, mit denen wir nicht in Kontakt kommen – einfach, weil ihre Besitzer Angst vor Schäferhunden haben und uns aus dem Weg gehen.

Da ist zum Beispiel ein Mann mit einem wunderhübschen neugierigen Dalmatiner, der Rute und Kopf erhoben hat, wenn er Diego sieht und aufgeregt an der Leine tanzt. Sein ganzer Körper sagt: „Ich will zu diesem fremden Hund hin."

Doch sein Herrchen zieht ihn fast panisch von Diego weg und ruft mir aus der Distanz zu: „Mein Hund hat Angst vor Schäferhunden!"

Ich weiß nicht, wie die Begegnung zwischen Diego und dem hübschen Dalmatiner ausgehen würde, ob die aufgeregte Unruhe des anderen in Aggression umschlagen oder ob Diego das Gefühl haben könnte, den jungen Wilden in Schach halten zu müssen. Das könnte natürlich sein. Genauso gut könnte es aber auch eine neugierig-spielerische Begegnung werden, die mein inzwischen gesetzter Diego nach ein paar Schnupperaktionen von beiden Seiten beenden würde, indem er sich vom anderen entfernt.

Vermutlich werden die beiden Hunde nie erkunden können,

wie sie zueinander stehen, weil die Berührungsangst des Zweibeiners dies verhindern wird.

Und wieder muss ich an die Menschen denken, die als
Geflüchtete in unser Land kommen. Wie viele Begegnungen finden einfach nicht statt, weil so viele Ängste dazwischenstehen
und das vermutlich auf beiden Seiten.

Manchmal begegnen mir beim Gassigehen Menschen, die
mir erzählen, ihr Hund sei schon einmal von einem Schäferhund angegriffen worden. Und trotzdem nähern wir uns aneinander an. Dafür braucht es zum einen Mut, um die alten Ängste
zu überwinden, und zum anderen Respekt und Achtsamkeit
füreinander, um die trennenden Grenzen behutsam aufzuwei-
chen und neue, gute Begegnungen zu ermöglichen. Es mag vielleicht überzogen klingen, aber jede dieser Begegnungen ist ein
Sieg des Lebens, so wie Gott es sich unter seinen Geschöpfen
gedacht hat!

„Denn der Geist, den Gott uns gegeben hat, macht uns nicht
zaghaft, sondern er erfüllt uns mit Kraft, Liebe und Besonnen-
heit" (2.Timotheus 1,7; Hfa).

Ein imposanter Schnappschuss

Unser Diego sieht häufig nicht aus wie ein typischer Schäferhund, wenn man ehrlich hinschaut. Er ist deutlich weniger imposant als viele seiner reinrassigen Artgenossen. Seine Ohren sind etwas zu groß geraten, was ihm manchmal einen fledermausartigen Ausdruck gibt. Wenn Diego angespannt ist, zieht sich eine lange Furche über seine Stirn und sein Kopf wirkt so schlank, dass seine Schäferhund-*Mähne* kaum zur Geltung kommt.

Wenn unser *kleiner Hund* zu Hause zeigen will, dass er ein lieber Kerl ist, lässt er den Kopf ein wenig hängen und die Schultern fallen, damit keiner auf die Idee kommt, er wolle beeindruckend wirken. Und abends, wenn Diego sich ins Hundebett verkrümelt, rollt er sich zusammen wie ein Eichhörnchen im Winterschlaf. Das hat dann häufig den Anschein, als hätten wir ihm sein Bett drei Nummern zu groß ausgesucht.

Eigentlich ist an Diego nur sein grollendes Bellen imposant, das er manchmal hören lässt – zum Beispiel, wenn seine Menschen gerne Besucher ins Haus lassen würden. (Aber das ist wieder ein anderes Thema.) Und da ist natürlich noch sein kräftiges Gebiss, das er in solchen Momenten offenbart.

Obwohl Diego also seine beeindruckende Seite meist eher versteckt, gelang mir diesen Sommer ein äußerst imposantes Hundefoto von unserem Caniden. Breit aufgebaute Statur, fester, direkter Blick, erhobenes Haupt – ein echter Prachtkerl von einem Schäferhund! Wissen Sie, wann dieses Foto entstand? Etwa zwei Stunden nach unserer erfolgreichen Kletterpartie in der Sächsischen Schweiz, als mein Hund mit jeder Faser seines Seins gespürt hatte, wie stolz er mich durch seine Teamleistung gemacht hatte.

Kann es sein, dass auch das Selbstbild unserer vierbeinigen Freunde davon lebt, dass jemand sie beim Namen ruft und ihnen zeigt, wie kostbar und einzigartig sie für ihn sind? Kann es sein, dass auch Hunde-Jungs davon leben, dass ihnen jemand sagt: „Hey, du bist echt ein toller Kerl!"

So, wie unser himmlischer Vater es mit uns Zweibeinern macht und wie er es sich auch von menschlichen Vätern und Müttern wünscht. In der Bibel gibt es wunderbare Stellen, in denen Gott seinen Menschen ihre Identität als Söhne und Töchter zuspricht. Denken Sie nur an Jesaja 43,1 (LÜ 2017): „Und nun spricht der Herr, der dich geschaffen hat, Jakob, und dich gemacht hat, Israel: Fürchte dich nicht, denn ich habe dich erlöst; ich habe dich bei deinem Namen gerufen; du bist mein!" Da sagt Gott zu einem der am wenigsten imposanten Völker des damaligen Orients: Du musst dich nicht kleinmachen und fürchten, weil du zu mir gehörst und weil „du teuer bist in meinen Augen und herrlich und weil ich dich lieb habe" (Vers 4). Wow, was für ein Zuspruch vom Schöpfer des Universums!

Wir Menschen leben förmlich davon, dass jemand uns sieht und uns seine Liebe, seine Wertschätzung für unsere Person und auch seine Achtung für unsere Stärken und Fähigkeiten zuspricht. Wer das als Kind oder Jugendlicher nicht erlebt hat, tut sich schwer, zu seiner Identität zu finden.

Und ja, ich denke, auch unsere tierischen Gefährten brauchen aufbauende, ehrliche Bestätigung, um *sie selbst* sein zu können. Sonst werden sie entweder ängstlich verkrümmt, damit ihnen ja niemand etwas tut, oder auf übertriebene Weise dominant, damit ja keiner merkt, wie wenig Selbstbewusstsein hinter der Fassade steckt.

Also, auf zum Hundeloben! Aber bitte mit einem gesunden Selbstbewusstsein, sonst wickelt unser Vierbeiner uns glatt um seine kleine Pfote und übernimmt mal ganz nebenbei die Führung im Familienrudel.

Jo, wir schaffen das!

In Kommunikationsseminaren geht es immer wieder darum, wie wir überzeugend auftreten können, um andere dazu zu bewegen, sich auf das einzulassen, was uns wichtig ist. Als Schlüssel zur äußeren Überzeugungskraft gilt zum einen eine sicher wirkende Körpersprache und zum anderen eine innere Einstellung, die uns an uns selbst glauben lässt, um so auch anderen Vertrauen in unsere Fähigkeiten zu vermitteln.

Aber wie findet man zu der inneren Einstellung, die uns die Gewissheit gibt: Ja, ich habe das Zeug, um mit den Herausforderungen dieser Situation umgehen zu können?

Hier habe ich viel von meinem Zusammensein mit Diego gelernt. Denn Hunde bringen uns fast immer irgendwann in Situationen, mit denen wir so nicht gerechnet haben und die unsere bisherigen Kompetenzen als Hundehalter und Hundeliebhaber übersteigen.

Ich erinnere mich noch lebhaft an das wohl bisher schwierigste Erlebnis in der Begegnung mit anderen Hunden. Ein Prachtexemplar von einem Rüden hatte sich Diego und mir knurrend und zähnefletschend genähert und ich war ganz darauf fokussiert, den Kerl von meinem Diego fernzuhalten. An seiner Blickrichtung und daran, dass er sich von mir blockieren ließ, erkannte ich, dass sich seine Aggression nicht gegen mich, sondern *nur* gegen meinen Hund richtete. Das gab mir die Hoffnung, die Situation beenden zu können.

Doch plötzlich lief ein dritter Hund an uns vorbei. Diego witterte wohl einen Rudelangriff und wollte den Dritten im Spiel auf Abstand halten. Mit seiner abrupten Bewegung zu diesem Hund, auf die ich nicht vorbereitet war, riss er mich zu Boden.

Noch im Fallen packte ich Diego um den Hals und sagte scharf: „Du hältst dich da raus!"

Diego blieb ruhig unter meinem Arm liegen. Dann schaute ich mich zu unserem Angreifer um, der immer noch zähnefletschend auf Diego zulief. Mit der vollen Überdosis Adrenalin, die mir in diesem Moment zur Verfügung stand, brüllte ich den Hund an und staunte nicht schlecht, als der sich kleinlaut hinter seinem inzwischen ebenfalls anwesenden Herrchen versteckte. Meine Körpersprache, mein Tonfall und meine innere Entschlossenheit, dass ich diejenige sein würde, die hier ein Gemetzel verhindert, hatten Wirkung gezeigt, und ich wusste, die Gefahr war vorbei.

Psychologen haben herausgefunden, dass Menschen dann die Kraft entwickeln, an sich zu glauben und den Herausforderungen des Lebens zuversichtlich zu begegnen, wenn sie irgendwo in Kindheit und Jugend drei Dinge innerlich verankern konnten:

- Die Erfahrung, dass jemand für sie da ist und ihnen zur Seite steht, wenn sie Hilfe brauchen.

- Die Zuversicht, dass das Leben trägt und es Grund zur Hoffnung gibt.
- Gute Erfahrungen, in denen sie Herausforderungen aus eigener Kraft meistern konnten.

Dann kann in ihnen eine innere Einstellung heranwachsen, die mit *Bob dem Baumeister* die Zuversicht teilt: „Jo, wir schaffen das!" Und es entsteht das, was Fachleute als Resilienz bezeichnen – die Fähigkeit, unter Druck elastisch zu bleiben, statt an Überforderungen zu zerbrechen.

Manchmal haben wir als Kinder oder Jugendliche wenig Zuwendung und Unterstützung erlebt und konnten nur in geringem Maß Lebensmut und Selbstbewusstsein tanken. Dann ist es gut zu wissen, dass Gott zu jeder Zeit unseres Lebens der sein will, der uns Mut zum Leben macht und uns verspricht:

„Fürchte dich nicht, denn ich stehe dir bei; hab keine Angst, denn ich bin dein Gott! Ich mache dich stark, ich helfe dir, mit meiner siegreichen Hand beschütze ich dich!" (Jesaja 41,10; Hfa).

Und wenn das Leben dann kommt und uns an unsere Grenzen bringt – als Mensch, als Hundebesitzer, als Eltern, als … –, haben wir in Gott unseren *Bob den Baumeister* und damit gute Chancen, es tatsächlich zu schaffen! Jo!

Hundeblicke

Die Forschung hat wissenschaftlich untermauert, was Hundebesitzer schon lange ahnten: Der Hundeblick ist kein Zufall, sondern ein gezieltes Mittel in der Kommunikation unserer Hunde mit ihren Menschen. In einer Untersuchung haben Biologen der Universität Portsmouth festgestellt, dass Hunde den sogenannten *Hundeblick* – die hochgezogenen Augenbrauen über den intensiv blickenden Hundeaugen – im Kontakt mit Menschen deutlich häufiger zeigen als in anderen Situationen.[3]

Mich wundert das ganz und gar nicht. Mein Diego kann stundenlang dösend auf seiner Decke liegen, aber kaum schaue ich eine Weile zu ihm hin, bekommt sein Blick dieses leise Fragezeichen: „Ist mein Typ gefragt? Redest du mit mir?" Und keine 15 Sekunden später kommt Diego auf mich zugetrottet, legt seinen Kopf in meinen Schoß und schon ist er da – der *Hundeblick*. Wer könnte da schon Nein sagen!?

Ob es sich beim Hundeblick um eine evolutionäre Veränderung handelt, die sich über Generationen von Mensch-Hund-Teams herausgebildet hat, konnten die Forscher nicht eindeutig sagen. Es könnte auch ein erlerntes Verhalten sein, das zu einer nachhaltigen Veränderung im Gehirn geführt hat. So wie beim *Smartphone-Daumen* unserer heutigen Jugendlichen: Bei ihnen ist das Areal im Gehirn, das für die Koordination des rechten Daumens reserviert ist, deutlich größer als bei Jugendlichen vor 15 Jahren.

Würde man die Hirne unserer Haushunde mit denen wilder Verwandter vergleichen, so könnte man womöglich feststellen, dass domestizierte Hunde einen deutlich vergrößerten Bereich ihres Gehirns für Vorgänge in Verbindung mit *Dackelblick* und *Kommunikation mit Homo sapiens* reserviert haben und dass diese veränderte Aufteilung ihrer *Festplatte* eben den Riesenunterschied zwischen Hund und Wolf ausmacht.

Natürlich ist das rein spekulativ. (Ich bin ja auch kein Wissenschaftler, sondern nur ein konditionierter und leicht zu manipulierender Hundebesitzer.)

Aber mal ehrlich: Hatten Sie nicht auch schon öfter den Verdacht, dass nicht Sie Ihren Hund *halten* sondern Ihr Hund Sie? Ist es nicht ein wenig vermessen, dass wir Menschen meinen, wir säßen am längeren Hebel der Hundeerziehung? Könnte es nicht vielmehr sein, dass beide sich gegenseitig *trainieren* und so das Verhalten des anderen (und mit Sicherheit auch dessen neuronale Verknüpfungen) beeinflussen?

Es gibt Hundeexperten, die sogar davon ausgehen, dass nicht der Mensch den Hund domestiziert hat, sondern umgekehrt der Hund den Menschen an sich gebunden hätte. Sie gehen davon aus, dass vor vielen Jahrhunderten wilde Hunde in die Nähe menschlicher Siedlungen gezogen sind, weil es dort Essensreste und Schutz vor den Unbilden der Natur gab. Zugleich – so sagen diese Hundekenner – boten sie den Menschen aber auch ihren Schutz und Begleitung an. Mit der Zeit gewöhnten sich die Menschen an ihre vierbeinigen Gefährten und so entstand nach und nach die Gewohnheit des Menschen, sich Hunde *zu halten*.

Und genau da sehe ich die evolutionäre Geburtsstunde des Hundeblicks: Stellen Sie sich vor, wie ein vorzeitlicher Jäger gerade mit Unterstützung seines caninen Begleiters einen Hirsch erlegt hat, von dem seine Familie die nächsten Wochen zehren und aus dessen Fell sie sich warme Kleidung für den Winter nähen wird. Der Vierbeiner hat in bester Rudelmanier seinen Teil zum Erfolg beigetragen, indem er den Hirsch in Richtung des Jägers getrieben hat. Nun hat der Jäger seine Beute erlegt und macht sich daran, sie zu verarbeiten. Und genau in diesem Moment trifft ihn … der Hundeblick: Aus respektvoller Distanz schaut ihn der noch halbwilde, angeblich schon ansatzweise *domestizierte* Hund an, senkt den Kopf ein wenig, klappt das linke Ohr gekonnt nach unten und zieht die linke Braue über seinen gelbschwarzen Augen hoch.

Und was tut der offenbar schon deutlich *caninisierte* Mensch: Er wirft dem Hund einen dicken Knochen zu, den dieser in seinen Unterschlupf nahe der menschlichen Siedlung schleppt. Die Mission der Hundewelt ist wieder einmal gelungen – der Mensch hat sich dem Hund ein klein wenig mehr anvertraut. In der nächsten Woche wird unser *Wildhund* im Menschentraining womöglich ein Stückchen weiter gehen: Er wird etwas näher an den Zweibeiner herankommen. Und wer weiß, in ein paar Wochen wird der raue Jäger vielleicht anfangen, seinem vierbeinigen *Besitzer* das Fell zu kraulen ... Und das alles dank dieses unwiderstehlichen Hundeblicks.

So könnte es gewesen sein, liebe Hundemenschen. Aber keine Angst: Hunde denken nicht in Kategorien wie *Besitzen* oder *Domestizieren*. Alles, was sie suchen, ist ein gut eingespieltes Dreamteam, in dem auch ihre Bedürfnisse erfüllt werden. Und dafür sind sie bereit, einiges zu geben – Hundeblicke inklusive.

Übrigens: Die Bibel schweigt zu diesem Thema – und deshalb gibt es diesmal auch keinen biblischen Bezug. Angemerkt sei jedoch, dass es auch kein biblischer Begriff ist, der den Menschen als *Krone der Schöpfung* bezeichnet. Was den Menschen gegenüber den Tieren abgrenzt, ist die Tatsache, dass Gott allein in ihn sein eigenes Bild hineingelegt hat. Aber die Aussage: „Schließlich betrachtete Gott *alles, was er geschaffen hatte*, und es *war sehr gut!*" (1.Mose 1,31; Hfa; meine Hervorhebung) gilt für alle – für Menschen, Tiere, Pflanzen und die unbelebte Natur – und hat seinen Grund in der einzigartigen Qualität des Schöpfers, nicht in der des Geschöpfes – egal ob Hund oder Mensch.

Morgen ... oder doch besser heute

Kennen Sie diese Tage in Ihrem Hund-Mensch-Miteinander, an denen Sie so gar keine Zeit für Ihren vierbeinigen Freund haben, weil es noch so viel zu tun gibt, weil der Chef Überstunden angeordnet hat, weil Weihnachten vor der Tür steht und der Kühlschrank noch nicht überquillt ... – oder weil Sie, wie ich, noch ein Buch über Ihr Hund-Mensch-Miteinander schreiben wollen?

Bei mir ist das gerade mal wieder so. Jeden Morgen sage ich mir, dass ich heute nur für eine kurze Runde Zeit habe, weil ... – aber morgen oder am Wochenende werde ich mir richtig Zeit nehmen, um mit Diego ausgiebig spazieren zu gehen. Und wenn morgen dann heute ist, habe ich wieder zu wenig Zeit.

In der Bibel gibt es eine Geschichte, die wir häufig eher auf materiellen Besitz beziehen. Sie kennen sie sicher: Da ist dieser reiche Bauer, der schon viel erreicht hat und sich auf dem Höhepunkt seines unternehmerischen Erfolges sagt: Morgen baue ich eine neue Scheune und ziehe meinen Betrieb noch größer auf ... Doch er wird dieses *Morgen* nicht mehr erleben. Noch in der

Nacht seiner großartigen Träume stirbt er (vgl. Lukas 12,13-20). Gott nennt so etwas schlicht Dummheit.

Viele von uns haben vermutlich keinen so großen Besitz wie dieser hebräische Großunternehmer. Aber wir besitzen etwas sehr Kostbares – und wie der Bauer aus Jesu Geschichte sind wir versucht, diesen kostbaren Besitz gering zu achten und nur auf das zu schielen, was wir noch alles erreichen wollen. Unser größter *Besitz* ist die Zeit, die uns geschenkt ist – das Heute, über das wir nur in diesem Augenblick verfügen können und das wir nicht auf morgen verschieben dürfen. Was ich heute nicht lebe, werde ich auch morgen nicht mehr leben können.

Wie kostbar dieses Heute ist, merken wir oft erst, wenn es uns entgleitet: wenn unsere Gesundheit uns nicht mehr erlaubt, unsere Tage so auszukaufen, wie wir es als junge Menschen konnten. Wenn ein nahestehender Mensch im Sterben liegt und jeder gemeinsame Augenblick der letzte sein könnte. Wenn …

Heute habe ich einen größeren Spaziergang mit Diego gemacht – obwohl Weihnachten vor der Tür steht und es noch sooo viel zu tun gäbe. Ich habe mir den Luxus meines größten Besitztums geleistet und gemeinsam mit meiner Fellnase den Augenblick genossen, den Gott uns heute geschenkt hat.

Stolz wie Bolle

Es war ein nicht sehr winterlicher Adventssonntag, als ich mit meinem Diego am Rande einer Gruppe Menschen stand, die sich gerade bereitmachte, um mit Fackeln zu einer besonderen Weihnachtsandacht in den Wald aufzubrechen. Diego trug sicherheitshalber seinen Reisemaulkorb, damit in dem Gewusel aus Kindern, Kinderwagen, plaudernden Erwachsenen und Fackelträgern niemand zu Schaden käme.

Nun warteten wir auf meinen Mann, der für uns eine Fackel organisierte und sich mit alten Bekannten unterhielt. Ein etwa fünfjähriger Junge entdeckte Diego und fragte, ob er den Hund streicheln dürfe. Auf mein Ja hin streckte er Diego geübt die Handfläche entgegen und ließ ihn daran schnuppern, bevor er sich daranmachte, Kopf und Rücken meiner Fellnase ausgiebig zu streicheln. Diego stand währenddessen ruhig und mit würdigem Blick da – so als habe er verstanden, dass er hier gerade eine äußerst wichtige Aufgabe zu erfüllen hat.

Als ich den Jungen fragte, ob seine Familie auch einen Hund besäße, erzählte er mir, nein, sie hätten eine Katze. Hoppla, dachte ich, und mein katzenbesessener Hund bleibt trotz dieser Geruchsnote derart gechillt? Er, der sonst schon beim Geruch einer leeren Katzenbox ausflippt! Ich war platt. Aber da stand mein Hund, als hätte er sein Leben lang nichts anderes getan, als sich von katzenbesitzenden Kindern streicheln zu lassen.

Nachdem Nils – so hieß der kleine Hundeversteher – Diego eine Weile gestreichelt hatte, stellte er sich breitbeinig direkt neben meinen für seine Verhältnisse riesigen Schäferhund. Er machte noch einen Schritt zurück und drückte sich gegen meine Beine. Nun sah es so aus, als würde *er* Diego führen und nicht ich. Man konnte förmlich spüren, wie stolz er war, sich mit diesem großen Vierbeiner angefreundet zu haben.

Nachdem er seine ganz persönliche *Tagesbestleistung* einen gedehnten Augenblick lang genossen hatte, verschwand Nils wieder im Gewusel der lärmenden, weihnachtlich aufgedrehten Kinder.

Ich blieb mit dem Gedanken zurück, wie wichtig es ist, dass Kinder solche Momente auskosten dürfen, in denen ihre innere Stärke einen kräftigen Schub erfährt. Das hat nichts mit Stolz im negativen Sinn zu tun, sondern viel eher mit dem Jubel des Psalmisten über den Segen und die Lebenskraft, die Gott über ihm ausschüttet: „Mir gibst du Kraft, wie ein wilder Stier sie hat; du schenkst mir Freude und neuen Mut" (Psalm 92,11; Hfa). Das ist ein gesunder Stolz, der das Ego nicht übertrieben aufbläht, sondern einfach nur das Menschsein stärkt.

Stolz wie Bolle war nach dieser Begegnung aber nicht nur Nils. Auch ich war stolz auf meinen flauschigen Gefährten, der offenbar mal wieder genau gewittert hatte, was ein Mensch brauchte, und sich bereitwillig angeboten hatte, das Selbstbewusstsein des

Jungen zu stärken. Und das wiederum ließ vielleicht auch das tierische Selbstbewusstsein meines Vierbeiners ein wenig in die Höhe schnellen, wie man an seiner würdevollen Haltung ablesen konnte. Für seine tadellose Leistung im Angesicht von Nils, dem Hundefreund, und nicht zuletzt umringt von brennenden Fackeln, quirligen Kindern und lauten Posaunen hatte sich mein Hund wahrlich ein dickes Lob verdient.

Süßer die Hunde nie bellen – oder Weihnachten aus Hundesicht

Es gibt Adventskalender für Hunde und blinkende Nikolaus-
mützen, die wir unseren Fellnasen überstülpen können,
und pünktlich zu Weihnachten hat jeder Discounter und jede
Tierhandlung noch einmal tierische Angebote für jede Art vierbeiniger Hausgenossen in den Auslagen. Dabei haben unsere
Hunde doch überhaupt keine Ahnung von der Weihnachts-
geschichte mit den drei Weisen und ihren Geschenken an das
Jesuskind.

Und so habe ich mich gefragt, wie mein Diego eigentlich
Weihnachten erlebt und wie er vielleicht – wenn überhaupt –
den tieferen Sinn der Heiligen Nacht erahnen könnte. Stellen
wir uns also einmal vor, Diego könnte *seine* persönliche *Weih-
nachtsgeschichte* erzählen. Vielleicht klänge das so:

*Ich weiß gar nicht, was heute los ist. Meine Menschen verhalten
sich total merkwürdig.*

Es fing schon heute Morgen an. Da haben sie das Haus von

oben bis unten geputzt, als würden sie einen Staatsgast erwarten. Aber dann kam niemand. Im Gegenteil, so ab Mittag wurde es irgendwie still.

Sie haben sich ständig so ein Kommando zugerufen: „Weihnachten." Das sagt mir nichts. Für meine Menschen muss es aber ungemein wichtig sein. Selbst der einsame Wolf, den sie „Papa" nennen und der sonst wenig redet, hat es mehrmals benutzt.

Ich fand sie neulich schon merkwürdig. Da haben sie ein Stück Wald ins Haus geholt – komplett mit Erde und Käferlarven.

Am liebsten hätte ich das gute Stück gleich für mich markiert, aber keine Chance. Meine Menschen waren schneller. Die Erde haben sie mit einem rotgrünen Stofftuch bedeckt. Da kam ich nicht mehr dran. Und dann haben sie den ganzen Baum mit roten Kugeln und Goldzeugs zugehängt und anschließend auch noch beleuchtet. Als ob man einen Baum nicht auch am Geruch erkennen würde. Manchmal verstehe ich diese Zweibeiner immer noch nicht. Obwohl sie doch jetzt schon so lange bei mir wohnen.

Wie auch immer. Heute Nachmittag haben sich dann alle rausgeputzt und ich dachte schon, jetzt kommt endlich dieser Staatsgast. Aber Pustekuchen, meine Menschen haben mich allein gelassen, um irgendwohin zu gehen. Ich habe sicherheitshalber ein paarmal gebellt, falls doch ein besonderer Gast vor der Tür stehen sollte. Den wollte ich auf jeden Fall beeindrucken, so wichtig wie der zu sein scheint.

Aber dann kamen eine Weile später doch wieder nur meine Menschen zurück. Ich war richtig enttäuscht und habe mich erst einmal auf meine Decke verdrückt, bis mir auffiel, dass meine

Menschen heute irgendwie anders drauf waren als sonst. Das musste ich natürlich näher untersuchen.

Sie hatten alle so einen verklärten Blick und rochen auch anders als normal: nach Kerzen und einem Hauch von Glück. Endorphine waren jedenfalls reichlich vorhanden. Frauchen hat irgendwas von Engeln vor sich hin gesungen und auch das „Mutter, du nervst" vom Juniorchef klang irgendwie freundlicher als sonst.

Zwischendurch wurde es nochmal kurz stressig, als sie dieses merkwürdige Tannenhalsband mit den vier Kerzen dran angezündet haben und ich es vor lauter Freude über so viel positive Energie mit dem Schwanz vom Tisch gewedelt habe. Aber selbst für diese Aktion fiel die Schelte harmlos aus.

Schließlich haben meine Menschen mit viel „ah" und „oh" all die kleinen Päckchen ausgepackt, von denen die meisten eh nur Sachen enthielten, die völlig uninteressant riechen. Aber die Menschen hatten wohl trotzdem Spaß daran, diese Beute aufzustöbern, zu verteilen und dann zu zerreißen. Wenn man bedenkt, wie wenig genießbar die meisten Päckchen waren, muss ich echt noch mit ihnen an ihren Such-Fähigkeiten arbeiten.

Aber immerhin haben sie nach vielen Fehlversuchen schließlich doch noch was Essbares gefunden. Und dieses Futter war nicht von schlechten Eltern: ein ausgehöhltes Hirschgeweih mit einer leckeren Füllung aus Äpfeln und Entenfleisch. Und das Beste war, die Menschen wollten es gar nicht haben. Das durfte ich mir als Beute auf meine Decke schleppen.

Ich habe zwar immer noch nicht begriffen, was es mit diesem Kommando „Weihnachten" auf sich hat und wo der Ehrengast *abgeblieben ist, auf den sich meine Menschen offenbar so gefreut haben, aber von mir aus kann morgen wieder Weihnachten sein – mit Menschen, die nach Endorphinen riechen, und Hirschgeweih, das nach Ente schmeckt.*

Vor, zurück und Cha-Cha-Cha

Jn meiner Jugend kam im Tanzkurs an diesem Kommando keiner vorbei: Vor, zurück und Cha-Cha-Cha. Vor, zurück und Cha-Cha-Cha.

Am Anfang dieses Buches habe ich erwähnt, wie ich mit Diego zu Beginn unserer wunderbaren Freundschaft die *Leinenführigkeit* übte. Das war von außen betrachtet ein ganz ähnliches Tänzchen wie dieses: Vor, zurück und Cha-Cha-Cha.

Schon nach den ersten Tagen, die Diego bei uns war, hatte mir mein Arm wehgetan, weil mein nervöser Hund ständig vorangehen wollte. Es war klar, ich musste etwas unternehmen: entweder er oder mein Arm.

Also blieb ich stehen, sobald er nach vorne zog. Ich wartete, bis er stutzte und zu mir schaute, erst dann lief ich weiter. Dieses Verhalten wiederholte ich jedes Mal, wenn Diego den Kontakt zu mir verlor. Nach etwa einer Woche hatte mein Hund verstanden, worum es mir ging, und meinem Arm ging es deutlich besser.

Heute geht es eher um das *Finetuning*, wenn wir mal wieder unser „Vor, zurück und Cha-Cha-Cha" üben: wenn mein Hund es einmal eilig hat, den Feldrand zu erreichen, oder auch, wenn er spürt, dass ich angespannt bin. – Obwohl meine Anspannung eher mit Menschenthemen zu tun hat, die man nicht wie andere Hunde, Traktoren oder Katzen riechen oder sehen kann, fragt sich mein Diego, welche Gefahr da lauert, gerät in seinen Wachsamkeitsmodus und zieht mal wieder nach vorne. Und wenn dann eine kleine Ermahnung meinerseits nicht ausreicht, um meinen tierischen Gefährten *einzufangen*, dann üben wir halt mal wieder unser Tänzchen.

Ich glaube, dass Gott mit mir auch schon so manches „Vor, zurück und Cha-Cha-Cha" durchexerziert hat: „Vertraust du mir darin, wie ich dich führe?"

„Vertraust du mir mit diesem Weg, den ich dich jetzt gerade leite?"

„Vertraust du mir, dass ich ein zuverlässiger Hirte bin?"

Das waren fast immer die Fragen, die hinter diesem „Vor, zurück und Cha-Cha-Cha" standen.

Letztlich wartet Gott darauf, dass wir lernen, wie Maria zu sagen: „Ich gehöre ganz dem Herrn. Was du gesagt hast, soll mit mir geschehen" (Lukas 1,38; NeÜ). Oder wie Samuel: „Sprich nur, ich höre. Ich will tun, was du sagst" (1.Samuel 3,10; Hfa). Immer geht es um das Vertrauen und das Sich-Anvertrauen. In dieser Hinsicht können wir viel von unseren vierbeinigen Freunden lernen: darüber, wie schwer es fällt, weil man lieber selbst die Kontrolle behalten möchte. Und darüber, wie leicht unser Leben wäre, wenn wir nur vertrauten, weil wir uns dann in diesem Sich-Anvertrauen entspannt und geborgen fallen lassen könnten.

Also nur Mut, liebe Leser, wenn Gott wieder einmal sagt: „Vor, zurück und Cha-Cha-Cha." Lassen Sie uns von Diego lernen und wie der Psalmbeter vertrauensvoll sprechen: „Herr, zeige mir deinen Weg, ich will dir treu sein und tun, was du sagst. Gib mir nur dies eine Verlangen: dir mit Ehrfurcht zu begegnen!" (Psalm 86,11; Hfa).

Zehn Tipps für ein gelingendes Hund-Mensch-Miteinander

Von Hundetrainerin
Gitte Kuther

Finden Sie Ihr ganz persönliches Dreamteam!

Lassen Sie sich vor dem Kauf eines Hundes von einem Fachmann beraten! Besser einen Hund finden, der zu Ihnen und Ihrer Lebenslage passt, als gemeinsam mit einem trendigen Modehund unglücklich zu werden. Nicht selten wird einem erst während eines Beratungsgesprächs bewusst, dass jetzt vielleicht doch noch nicht der richtige Zeitpunkt für einen Hund ist. Ein Hund ist nicht in vier Monaten *fertig*. Einen Hund zu haben heißt, eine Beziehung aufzubauen. Und an dieser Beziehung müssen Sie ein Hundeleben lang arbeiten und dürfen Auseinandersetzungen nicht scheuen. Es heißt nicht umsonst: „Drum prüfe, wer sich ewig bindet!"

*Bauen Sie von Anfang an eine gute und geordnete Beziehung
zu Ihrem Vierbeiner auf!*

Die Hauptprägungszeit eines Hundes ist zwischen der dritten
und 18. Lebenswoche. Ich nutze diese Zeit, um erste Trainings-
ziele anzugehen. Sobald der Welpe eingezogen und angekommen ist, können schon erste Übungen zum Herankommen,
Sitzen und Bleiben geübt werden. Schön ist es, wenn Ihr Hund
rechtzeitig eine gute Kinderstube genießen kann. Ihren Kindern
bringen Sie ja auch nicht erst im Schulalter bei, wie man mit
Messer und Gabel isst. Denn: Was Hänschen nicht lernt, lernt
Hans nimmermehr.

*Ihr Welpe verlässt sich auf Sie – schützen Sie ihn vor
Überforderung!*

Stürzen Sie sich mit Ihrem Hund nicht gleich in die nächste
überfüllte Welpenspielgruppe! Kontakte zu andern Welpen
oder erwachsenen Hunden sind sicherlich wichtig, aber Welpen
sind wie Kinder schnell überfordert und wünschen sich kleine
Schritte beim Kennenlernen und Spielen. Sicherlich gibt es auch
Welpen, die mit einer turbulenten Welpengruppe umgehen können, doch sollten Sie genau prüfen, ob Sie das für Ihren Hund
richtig finden.

Oft geht es in den Spielstunden wild und barsch zu, sodass Ihr
Welpe leider kein angemessenes Spielen kennenlernt. Deswegen
sage ich: lieber weniger, kontrolliert und gut ausgewählt spielen
als häufig, in der Masse und außer Kontrolle. In der Regel rei-
chen dazu Hundebegegnungen auf Spaziergängen oder gezielte

Verabredungen mit Hunden, mit denen es auch beim Spielen passt.

Nicht alles zu dürfen macht Ihren Vierbeiner
letztlich glücklicher!
Bringen Sie Ihrem Hund von klein auf bei, an entgegenkommenden Hunden vorbeigehen zu können, ohne dass es eine Spieleinheit gibt. Nicht jede Hundebegegnung heißt Spiel-Spaß-Spannung. Ihr Hund wird es nur schwer verstehen, wenn er zur Sozialisierung im Welpenalter mit allen Hunden spielen durfte, aber als Junghund selbstverständlich an anderen Hunden mit lockerer Leine vorbeigehen können soll. Das ist so, als würden Sie Ihrem Kind von klein auf immer einen Lutscher an der Kasse kaufen, wollen aber später dieses Ritual nicht fortsetzen. In dem Moment, wo Sie Ihrem Kind den Lutscher verweigern, möchte ich lieber nicht in Ihrer Haut stecken.

Ersparen Sie Ihrem vierbeinigen Gefährten eine für alle
anstrengende Job-Suche!
Lassen Sie Ihren Hund in der ersten Zeit nicht alleine in Ihren Garten! Er könnte sonst beginnen, sich aus Langeweile einen Beruf für sich auszusuchen, der nicht gerade Ihrer ersten Wahl entspricht. Ein beliebter Job ist zum Beispiel Hobbygärtner (Buddeln und Pflanzen ausgraben). Die ersten kleinen Anzeichen bekommen Sie oft nicht mit, da Sie gerade noch schnell die Waschmaschine mit Wäsche füllen, während Ihre kleine Fellnase im Garten bereits die ersten Schritte zur Umgestaltung vor-

nimmt, ohne vorherige Absprache mit Ihnen. An zweiter Stelle im Jobranking für Hunde steht der Wachmann (Zaunkläffen). Ihr Hund versucht noch durch zartes Wuffen, Ihnen mitzuteilen, dass eine fremde Person oder ein fremder Hund an Ihrem Zaun steht: „Frauchen, komm bitte, da ist einer, der nicht hierher gehört. Regele es bitte für mich!" Sie sind aber noch dabei, schnell das Wohnzimmer zu saugen und reagieren nicht. Nun ist Ihr Hund gezwungen, die Sache selbst in die Hand zu nehmen.

Jeder braucht mal eine Auszeit!

Gönnen Sie Ihrem Hund einen Rückzugs- und Ruheort, zum Beispiel auf einer Decke! Üben Sie mit ihm auf der Decke Ruhephasen, in denen er weiß, jetzt muss ich mich um nichts kümmern. Auch eine Form der Begrenzung, wie zum Beispiel ein abgeteilter Bereich im Raum oder eine größere Stoffbox, ist hilfreich, um den Welpen zur Ruhe zu bringen. Denn so sind Sie in der Lage, den Hund auch mal zu ignorieren, damit er zur Ruhe kommen kann. Und noch wichtiger: Sie können sich selbst mal eine *Auszeit* nehmen, ohne Ihren Hund ständig zu überwachen, damit er keinen Blödsinn macht. Ich wurde als Kind in einen Laufstall gesteckt, damit meine Mutter mit einem guten Gefühl in den Keller gehen konnte, um die Wäsche aufzuhängen, und sich sicher war, dass ich keine Dummheiten anstelle oder mich selbst in Gefahr bringe. Fazit: Laufställe waren und sind in manchen Lebenssituationen einfach genial für Zwei- und Vierbeiner.

*Alleinsein will gelernt sein – vor allem für Rudeltiere
wie unsere Hunde!*

Ein Hund kann gut bis zu vier Stunden allein zu Hause bleiben. Damit er stressfrei alleine bleibt, muss er schrittweise ans
Alleinbleiben herangeführt werden. Üben Sie das Alleinlassen
Ihres Hundes rechtzeitig und regelmäßig! Üben Sie es in kleinen
Schritten und beginnen Sie mit kurzen Zeiteinheiten, die Sie
allmählich verlängern! Erst als ich selbst mal alleine zu Hause
war, ohne Mann, ohne Hund und ohne Geräusche aus Radio
und Fernseher, ist mir klar geworden, wie gruselig es allein
zu Hause sein kann. Auf einmal habe ich jedes noch so kleine
Geräusch wahrgenommen. Jetzt wusste ich, wie wichtig es ist,
seinem Hund zu zeigen, dass er nicht für immer verlassen wird,
wenn Frauchen das Haus verlässt, sondern dass Frauchen wie-
derkommt. In der Zwischenzeit hilft es enorm, wenn der Hund
etwas zur Beschäftigung hat und, wenn es sonst eher turbulent
zu Hause ist, es eine kleine Geräuschquelle gibt. Schließlich
schalte ich, wenn ich allein zu Hause bin, auch ziemlich schnell
den Fernseher an oder schaue in meinen Computer.

*Zu jeder guten Beziehung gehören klärende
Auseinandersetzungen!*

Das Leben ist kein Ponyhof. Eine Hundeerziehung ohne Grenzen und Auseinandersetzung ist aus meiner Sicht nicht möglich.
Es ist wie in einer Partnerschaft. Wenn ich mich immer darüber
aufrege, dass mein Partner nie pünktlich ist, ist eine Aussprache
angesagt, da sich sonst nichts ändert. Und die kann ganz schön

ungemütlich werden. Scheue ich aber diese Auseinandersetzung, wird meine Partnerschaft auf Dauer nicht besser.

Oder wie bei Kindern. Stellen Sie sich vor, wie Sie mit Ihrem Kind in einem Restaurant sitzen und es plötzlich den netten Mann am Nachbartisch mit einer Nudel bewirft. Denken Sie, Ihr Kind wird lernen, dass dies nicht gerade gute Tischmanieren sind, wenn Sie es *ignorieren* oder *aussitzen* oder sogar ein Eis bestellen, nur damit es aufhört?

Ich möchte damit sagen, dass es Situationen gibt, in denen Sie Ihren Hund aufgrund Ihrer sozialen Kompetenz überzeugen, sich richtig zu verhalten und nicht, weil Sie eine Wurst in der Hand halten. Denn sonst müssten Sie sich die Frage stellen, welcher Hanswurst Sie für Ihren Hund wären ohne Wurst.

Nur gesunde Hunde sind lernbereite Hunde!
Verhaltensprobleme bei Hunden können gesundheitliche Ursachen haben. Ihr Hund leidet zum Beispiel an Angst oder an einer Form der Aggression? Diese Situation macht Ihnen zu schaffen, denn Sie tun alles, um Ihrem Hund zu zeigen, dass er sich bei Ihnen sicher fühlen kann. Aber warum entspannt sich Ihr Hund nicht? Sie laufen von Hundetrainer zu Hundetrainer, leider ohne Erfolg. Das kann daran liegen, dass Trainer sich nicht ausreichend weiterbilden, zu wenig über Tiergesundheit wissen und dies in ihrem Training nicht berücksichtigen können. Umgekehrt kennen sich viele Tierärzte nicht mit Verhaltensproblemen aus. Ihr Hund wird im Training keine Fortschritte machen, wenn er etwa unter chronischen oder wiederkehren-

den Schmerzen leidet. Solche gesundheitlichen Ursachen müssen Sie bei Angst oder Aggression dringend vor jedem Training ausschließen lassen! Suchen Sie sich also einen Hundetrainer, der mit einem Tierarzt sinnvoll zusammenarbeitet. Sie wissen selbst, wie unausstehlich wir werden können, wenn wir unter ständigen oder unter immer wiederkehrenden Schmerzen leiden.

Lernen Sie, Ihren Hund einzuschätzen – dann wird das Miteinander beiden Freude machen!
Hund ist nicht gleich Hund und jeder lernt unterschiedlich schnell. Während der Hund von Frau Müller aus Langeweile schon wieder beginnt, Blödsinn zu machen, ist der Hund von Frau Meier aufgrund der Dauer und Schwierigkeit einer Übung total überfordert und beginnt deshalb, Blödsinn zu machen, oder steigt sogar ganz aus dem Training aus. Im Ergebnis sind Frau Müller wie Frau Meier gestresst und gehen demotiviert nach Hause. Was ich Ihnen damit sagen möchte: Prüfen Sie selbst, ob Sie im Training Ihren Hund entweder zu Tode langweilen oder maßlos überfordern, weil Sie in viel zu kleinen oder viel zu großen Schritten vorangegangen sind.

Von Hundetrainerin Gitte Kuther, Gittes Hundetraining Bergstraße
www.gittes-hundetraining.de

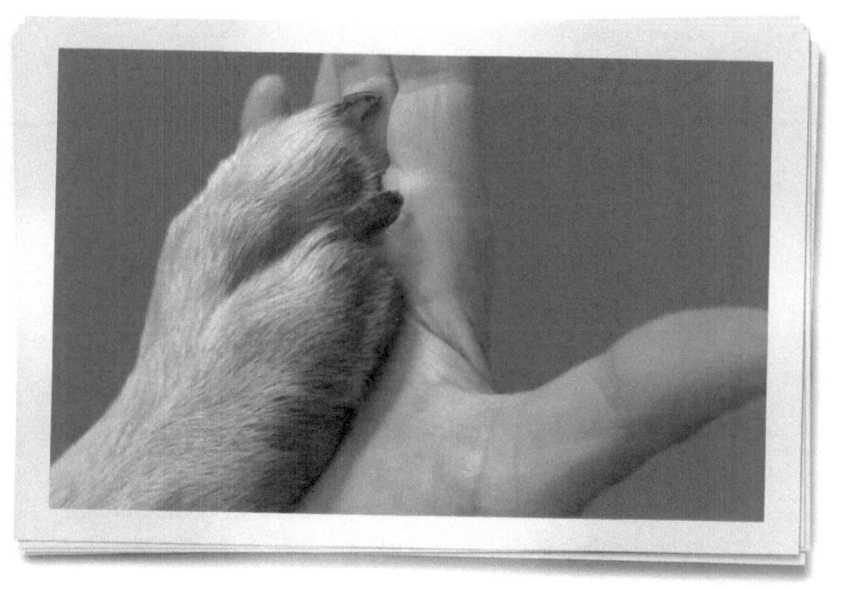

Das Hund-Mensch-Team von „Vertrauen auf vier Pfoten" stellt sich vor

Ulrike Becker – der Zweibeiner

Ulrike Becker, Jahrgang 1962, ist verheiratet und hat zwei erwachsene Kinder.

Sie arbeitet als christliche Beraterin (IGNIS) und Heilpraktikerin für Psychotherapie mit eigener Praxis in Zwingenberg an der Hessischen Bergstraße. Darüber hinaus ist sie zurzeit als

Lehrbeauftragte für die IGNIS Akademie in Kitzingen und für die Evangelische Hochschule in Darmstadt tätig.

2016 ist ihr erstes Buch erschienen: *Schiffbruch inbegriffen. Scheitern und wie es danach weitergeht* (Brunnen Verlag, Gießen).

Diego – der Vierbeiner

Diego, ein Deutscher Schäferhund mit einem kleinen Anteil Mix von irgendetwas in den Genen, wurde 2011 in Ungarn geboren und kam über ein deutsches Tierheim Anfang 2012 in die Familie Becker.

Sein Tätigkeitsfeld im Familienrudel besteht ausschließlich aus fressen, schlafen, sich kraulen lassen, bei Bedarf bellen und mit Herz und Seele bei jeder Unternehmung des Rudels dabei zu sein.

Vertrauen auf vier Pfoten ist das erste Buch, an dem er tatkräftig mitgewirkt hat.

Wenn Sie Kontakt zur Autorin aufnehmen möchten, können Sie ihr gerne eine Mail schreiben: ubecker@lebensberatung-bergstrasse.de

Nähere Informationen finden Sie außerdem auf ihrer Homepage: www.lebensberatung-bergstrasse.de

Fußnoten

1   so die wörtliche Übersetzung von Vers 22; vgl. NGÜ

2   Quelle: www.morgenweb.de/mannheimer-morgen_artikel,-gesundheit-hund-im-schlafzimmer-tut-gut-_arid,1115072.html; ein Artikel des Mannheimer Morgen vom 18. September 2017

3   Quelle: http://www.rp-online.de/leben/pets/hunde/forschung-zum-dackelblick-hunde-setzen-mimik-wahrscheinlich-bewusst-ein-aid-1.7155094; Artikel zu einer in „Scientific Reports" veröffentlichten Studie.

Der Verlag weist ausdrücklich darauf hin, dass im Text enthaltene Links
nur bis zum Zeitpunkt der Buchveröffentlichung eingesehen werden konnten.
Auf spätere Veränderungen hat der Verlag keinerlei Einfluss.
Eine Haftung des Verlags ist daher ausgeschlossen.

© 2018 Gerth Medien GmbH, Dillerberg 1, 35614 Asslar
Für die Bibelzitate wurden folgende Übersetzungen verwendet:
Hoffnung für alle, © Copyright 1983, 1996, 2002, 2015 by Biblica, Inc.*
Verwendet mit freundlicher Genehmigung des Herausgebers Fontis (Hfa)
Lutherbibel, revidiert 2017, © 2016 Deutsche Bibelgesellschaft, Stuttgart (LU)
Neue Genfer Übersetzung – Neues Testament und Psalmen.
© 2011 Genfer Bibelgesellschaft (NGÜ)
Neue evangelistische Übersetzung (NeÜ)
© 2010 Christliche Verlagsgesellschaft, Dillenburg

1. Auflage 2018
Bestell-Nr. 817504
ISBN 978-3-95734-504-2

Umschlaggestaltung: Joana Kielhorn
Lektorat: Ruth Harmsen
Satz: Vornehm Mediengestaltung, München
Druck und Verarbeitung: GGP Media GmbH, Pößneck
Printed in Germany

www.gerth.de